真诚
是超越隔阂的渡桥

《语文报》编写组 选编

人文精品集萃丛书·真诚的美好系列

U0608132

时代文艺出版社

图书在版编目（CIP）数据

真诚是超越隔阂的渡桥 /《语文报》编写组选编.
-- 长春：时代文艺出版社，2021.6
（青春美文精品集萃丛书. 真诚的美好系列）
ISBN 978-7-5387-6689-9

Ⅰ.①真… Ⅱ.①语… Ⅲ.①作文－中小学－选集
Ⅳ.①H194.5

中国版本图书馆CIP数据核字(2021)第080110号

真诚是超越隔阂的渡桥
ZHENCHENG SHI CHAOYUE GEHE DE DUQIAO

《语文报》编写组 选编

出 品 人：陈　琛
责任编辑：焦　瑛
装帧设计：陈　阳
排版制作：隋淑凤

出版发行：时代文艺出版社
地　　址：长春市福祉大路5788号　龙腾国际大厦A座15层 （130118）
电　　话：0431-81629751（总编办）　 0431-81629755（发行部）
网　　址：weibo.com/tlapress（官方微博）　 sdwycbsgf.tmall.com（天猫旗舰店）
开　　本：880mm×1230mm 1/32
字　　数：135千字
印　　张：7
印　　刷：三河市嵩川印刷有限公司
版　　次：2021年6月第1版
印　　次：2021年6月第1次印刷
定　　价：36.00元

图书如有印装错误　请寄回印厂调换

编 委 会

Contents
目 录

书香伴我成长

阳光是你，是我

诚　信

真诚 是超越隔阂的渡桥

记忆，是多么美妙的东西

窗 前 的 爱

书香伴我成长

读书伴我成长

罗　晴

现代的社会，媒体纷繁。电视，可以轻轻松松地欣赏；广播，可以休闲式地收听；网络，可以海阔天空地漫游……读书，显得有些"沉重"，字要一个个去认，去理解。既没有任何画面，也没伴奏音乐。但是，任何媒体都不能替代书。因为它的语言深奥精练，有着丰富的文化内涵，是无可替代的。

我从小就爱听书中的故事，幻想着一幅幅生动的画面。现在，我长大了会认字了，便把书当作宝，爱不释手。

过年时，我总把压岁钱存起来买我想要看的书。到了生日，深知我爱看书的爸妈，便会送我平时总是在嘴边念叨的好书。

在我家里，有两个大书柜，里面摆的全是书。从一本本连环画、小人书，到一本本厚厚的百科全书、四大名著，我一一阅览。我已不记得有多少次在我的枕头下藏着书，枕着它入眠；又有多少次，我一个人在家中，进入那令人流连忘返的地方——书的海洋。读到高兴处，我唇边荡起微笑，有时甚至放声大笑；读至悲伤处，我又替主人公打抱不平；读到感人处，我眼中便会含满泪水……

每当我打开一本书，便会听见许多声音：有智者的娓娓谈心，有勇士的激昂呐喊，有甜美如秋月的小夜曲，有壮烈如潮的交响乐，有花儿凋零的叹息声，有小鸟归巢时欢乐的鸣叫……

读书是我每天的必修课，我像一只可爱的小鱼，在这知识的海洋中快乐遨游。读书让人更充实，让我们一起到书的世界中畅游吧！

书，我最亲密的朋友

郑予希

书是我最亲密的朋友。我爱读书，因为好书是良师益友，是点燃知识的火把，是指引你走出黑暗的启明星，是智慧之泉的源头。

我从小就酷爱读书，小时候的读书情景至今仍历历在目。现在想起来仍能给我带来无限的快乐。

记得一个寒假的晚上，我坐在沙发上津津有味地看着《格林童话》。时针已不知不觉指向了十一点，妈妈见了，对我说："小小，十一点了，该睡觉了！"唉！我刚刚看到灰姑娘的姐姐们去参加舞会，灰姑娘也想去，我怎么舍得放手呢？可是在妈妈的再三催促下，我只好极不情愿地放下手中的书本，无可奈何地钻进被窝中，心却还在书中。我心想：灰姑娘的继母会让灰姑娘去吗？如果不同意，那灰姑娘怎么办呢？我辗转反侧，强烈的好奇心驱使着我想看看结局如何。我实在忍不住了，趁妈妈不注意，悄悄地溜出去，把书拿进被窝，打开手电，偷偷地看了起来。我一口气把书看完，这下我心中的大石头终于落地了，我也替灰姑娘得到幸福而感到高兴。

虽然我还不太明白古人说的"书中自有黄金屋，书中自有颜如玉"的含义，也还没有达到"三更有梦书做伴"和"为书消得人憔悴"的程度，但现在看书的的确确成了我生活中不可或缺的重要部分。一本好书就像磁铁一样深深地吸引着我，没事总是找本书看看，就连睡觉前和如厕的时候也手不释卷，完全沉浸在书中那美丽的世界中。

"春困秋乏夏打盹，守着火炉待明年。"这说的是儿童以读书为苦的事，可是我在读书中寻找到了乐趣。我喜欢读书，因为读书能让我增长知识，获得快乐！

书香伴我成长

沈贤武

有这么句妇孺皆知的话："书籍是人类进步的阶梯。"想想看，书是多么重要的东西。如果失去它，世界将会怎样？

我是个爱看书的人。每天必做的一件事就是看书，畅游在知识的海洋里。对于学校每周才有一次的阅读课，我更是喜爱，不仅能分享自己和别人的书，还能每两周去学校的书吧阅读。安静的阅读环境使书在我的心目中成了最宝贵的东西。

在家里看书，同样也是件值得享受的事。睡前躺在软软的床上，不管时间有多迟，我都要看上那么几十页的书，才得以安眠。有时候爸妈催我赶紧睡觉，我假装关灯睡觉，实际却猫在被窝里，拿起小台灯，点亮着看书。直至打了哈欠，我才关灯入睡。

类似于这样看书的事很多，印象最深的是有天晚上足足看到了十二点。那天晚上，作业很多，我十点才上床。刚翻开书，就被老妈催着关了灯，可是最精彩的部分没看完，我怎么睡得着呢？于是，我拿起书，并拿了更方便开关的闹钟钻进被窝，按下闹钟灯的开关，我津津有味地看了起来。我看得正起劲的时候，妈妈突然推开了我房间的门。我吓了一跳，赶紧松开开关，闭上眼睛装睡。还好，妈妈只是看看我有没有在睡觉。妈妈关上门走了，我抹了抹汗，继续看了起米。一直看到倦意浓浓，我迷迷糊糊地看了钟，啊！时针都正北了！我赶紧闭眼睡觉。

没有了书，精神的田园将会荒芜；没有了书，智慧将会失去源泉；没有了这个传递知识的工具，成长的道路上将缺少最鲜艳的色彩！

读书带来的快乐

林佳好

　　书，是一位无声的老师。俗话说：书中自有黄金屋，书中自有颜如玉。我爱读书，书，不仅丰富了我的课余生活，还使我了解了不少课堂上学不到的知识呢！

　　记得有一次，爸爸从外地出差回来，给我带了一盆绿色的植物——仙人掌。我高兴得一蹦三尺高，忙捧着仙人掌左看右看。那仙人掌真惹人喜爱，全身绿油油的，形状真像一个手掌。这可爱的植物，为我家增添了一丝的生机。

　　一次，我去倒水喝，一不小心，碰到了餐桌上仙人掌那又小又尖的利刺。这一扎可不要紧，把我娇嫩的手扎了好几个洞，血噜噜地冒了出来。我差点儿哭出来，心里很生气：哼，什么植物啊？连片叶子都没有，还这么扎手。吃晚饭的时候，我问爸爸："爸，仙人掌有没有叶子？""应该有吧？"爸爸含糊地答应着。"到底有没有啊？"我着急地问。爸爸故意神秘地笑了一下，说："你查一查不就知道了。""上哪里查？"我丈二和尚摸不着头脑。"你不是有《百科全书》吗？"爸爸笑眯眯看着我。"能查得到吗？"我心里直嘀咕。

饭后，我迫不及待地翻开《百科全书》，呵，里面果真有仙人掌的一些相关知识：仙人掌是生长在干燥、炎热的大沙漠中的植物。沙漠里缺少水，为了活下去，仙人掌的茎形成扁叶状，它的叶子退化成刺，而且又尖又硬，这样水分从身体里就跑不出去了。仙人掌的刺还能帮助它吸收水分，不仅能吸收雨水，还能从空气中直接吸收水汽，亦能作为阻止动物吞食的武器。仙人掌是一种"柔中带刚"的植物，它开出来的花，五颜六色，婀娜多姿，独具神韵。仙人掌的作用也很多，可以治疗腮腺炎、秃疮等疾病，还是人们餐桌上的美味佳肴……哇，原来在书里可以找到这么多有关仙人掌的知识啊！我津津有味地看着，完全沉浸在书的世界里。

这次，我通过书找到了关于仙人掌的知识，我很快乐。因为我又多了一位新朋友——书。像蜂蝶飞过花丛，似泉水流经山谷。书中那些令人回味无穷的小故事，不仅愉悦了我的身心，还给了我前进的力量。亲爱的朋友，让我们一起来读书吧！

爱

林佳琪

　　每个人的身边都有爱，而我身边的爱源于奶奶，那是单纯朴素的爱。

　　奶奶和孙女本是这个世界上最亲密无间的一对，也正因为爱得太深了，所以会不可避免地产生大大小小的摩擦和冲突。我和奶奶三天两头地吵架，她会骂我，我则顶撞她，弄得家里硝烟弥漫。我们俩会吵得两败俱伤，我们会相互"摧残"，直至身心俱疲方肯罢休。可事后，我们又会懊悔为什么说话时没有给对方留情面呢？其实吵架不过是我们对爱的释放而已。

　　奶奶依旧在周日时让我陪她去市场走走。对面便是市场了，奶奶突然停了下来，将右手的篮子转到了左手上，腾出了右手，向我伸过来。这是一个我曾经多么熟悉的动作呀！小时候每逢过马路时，奶奶总会向我伸出右手，把我的小手紧紧地握住，牵着我一步步走过马路，然后不厌其烦地告诉我不知已听过多少次的话语："路上车子特别多，过马路时一定要小心，一定要紧跟着大人走……"如今，昔日的小女孩儿已经成了亭亭玉立的大姑娘，奶奶则变得皱纹满面，步履蹒跚。虽然，我已长大了，也变得懂事了，但奶奶牵着幼小的我一步步走过马路的情景仍然历历在目，不知不觉中我心里暖洋洋的，我知道那是爱在心中流淌。

我没有像往常一样把手伸过去，而是伸出另一只手接过奶奶手中的菜篮，然后用左手轻轻握住奶奶那饱经沧桑的手，轻轻地说："奶奶，小时候一直都是您牵着我过马路，今天就让我来牵您吧！"奶奶笑了，开心地笑了，笑得比那晴天盛开的鲜花还要灿烂。万万没有想到，我只不过是重复了一个奶奶早已熟悉的动作，竟会令她如此高兴。我惭愧不已，无知的我只知读书写字、和与奶奶吵架，却完全忽视了奶奶对我那细微而又质朴的爱。

我和奶奶是两条相交的线，由于交点才相遇，也是由于交点才争吵，更是由于交点才会祈求彼此之间的交点少一点儿，再少一点儿。我渴望自己与奶奶是两条永不相交的平行线，不是因为我不喜欢她做我的奶奶，也不是我恨她，而是因为我爱她。她老了，身体不如从前那样健朗，我们之间的每一次争吵都犹如一支"催老剂"，都有可能令她多一条皱纹，多一根银丝，这是我不愿意见到的。

我和奶奶都居住在对方心里最柔软、最重要的位置。我很清楚，我爱极了这个爱我、和我吵架的奶奶。

奶奶给予我一种单纯而美丽的爱，我也应该用我的孝心来回报她一种美丽的爱才好呀！

"赶快为你的父母尽一份孝心，也许是一处豪宅，也许是一片砖瓦。也许是大洋彼岸的一只鸿雁，也许是近在咫尺的一句问候。也许是一顶纯黑的博士帽，也许是作业簿上的一个红五分……"一瞬间，毕淑敏的《孝心无价》浮现在我的脑海，给我无尽的沉思，给我以深深的震撼！

从奶奶身上，我明白了爱的真谛。爱，是思念，是对亲人的无限的牵挂；爱，是执着，是生活中磕磕碰碰不可缺少的插曲；爱是药水，是可以忘却所有委屈和怨恨的特效药……因为有爱，才有家；因为有爱，才有亲情、友情。

因为爱着，所以记得

黄佳琦

　　窗下，依旧是那柔和的灯光，轻轻摇曳着。窗外，依旧是那缀满星星的夜空。一切如此平淡，但还是夹杂着一丝家的味道，熟悉的味道。准确些，是妈妈的味道。

　　妈妈有个习惯，每当季节交替时，她会整理好所需的衣物，整齐地叠好放进我的衣柜。整理出不需要的衣服，放到楼上去。好久，都没有看妈妈如此忙碌了。我坐在桌前，平静地看着妈妈。妈妈翻出了一大包东西，这应该尘封好久了吧？我似乎不记得什么时候看妈妈把它放进去了。

　　妈妈小心翼翼地打开了它。"宝儿啊，这里有好多你小时候用的东西。特别是这些手绢。"妈妈兴奋起来。"手绢？"我喃喃道，心底竟泛起一丝交织着陌生的温馨。我站起身，走到妈妈身旁。她正低头深深嗅着那一条条仿佛带着我的气息的手绢。"你看，这块儿白的，是你两岁时用的。还有这条粉的，是你上幼儿园奶奶送给你的……"妈妈自言自语着，完完全全地陶醉在了幸福的回忆中。我默默地站在一旁，静静听着，我完全和妈妈搭不上话。因为，我什么都不记得了。妈妈又拎起一条小小的白纱裙，说："宝儿，你记得吗？你三岁那年'六一'儿童节，穿着它摔了一跤，脸肿得胖胖的，还搂着裙子不放呢！"还有一件件小衣，一条条裤子、裙子，妈妈轻唱般回忆它们的故事。为什么，母亲如此细心地收藏着我儿时的一切，能如数家珍般道出我儿时的点滴？她不是常抱怨自己老了，记性差吗？

我不得不承认，我是彻底地将这些故事抛在了记忆的角落。像手绢，我完全不记得它的出场时间了。取而代之的是飘着淡雅的香，白若雪的纸巾。质感很好，用完了，找个垃圾桶将其抛入，多方便。还有衣服，我有一大柜的衣服，各式各样，我甚至都记不起哪件衣服是什么时候买的，更别说发生的故事。我们这一代，思想上太容易接受新的东西，也会很轻易地忘记些什么。而母亲则不同，她是岁月的收藏者，永远走在我身后，悄无声息地拾起我遗落的记忆、心情和初始的纯真。

我眼睛湿润了，低声问："妈，你怎么记得那么多呢？"母亲沉默了一会儿，缓缓地答道："怎么会不记得呢？"是啊，怎么会不记得呢？因为爱着，所以记得。

"妈，谢谢。我的脑子里不断充斥着新的事物。但是我漏下的回忆，您都帮我收着。因为我是宝儿，我是上帝身边的天使，上帝赐给你，让你快乐的天使。妈，我爱你。从今天开始，宝儿会因为爱，记住妈妈的一切。"我紧紧搂着妈妈不再纤细的腰，在她耳边浅唱。妈妈第一次在我面前不停地流泪。我们，紧紧拥在一起。

　　依旧是那温暖的小房间，我曾说过要感激很多人。母亲，就是最先应该被感激的。蓦然发现，母亲，是最美的天使……

爱在唠叨里

俞一诺

　　我的妈妈十分唠叨，什么鸡毛蒜皮的小事都要唠叨许久。

　　那天傍晚，与往常一样，我和几个好朋友一如既往地奔向篮球场打篮球。不知不觉中，黑色的幕布已经渐渐遮住了天际，我们只好依依不舍地挥手道别。

　　走在那条熟悉的路上，我连蹦带跳地往家跑。我还没踏进家门，妈妈的唠叨便如"连珠炮"般飞了过来："上哪儿去了？为什么每次都去打篮球？为什么不早一点儿回来做作业？"一连串的问话令我烦躁不安，我抬头便反驳道："打篮球有什么不好？运动有益健康！"话一说完，我便垂涎欲滴地望着桌上那些可口的饭菜。妈妈看着我这副馋样，无奈地摇了摇头："吃饭去吧！"话音刚落，我便箭一般地冲向二楼换衣服。我刚从衣柜里拿出干净衣服，妈妈已神不知鬼不觉地"潜行"到我的身后。此时，妈妈的"连珠炮"又"开火"了："你干吗呢？下楼吃饭去！饭菜都凉了！"我只好心不甘情不愿地下楼吃饭。可就在这时，妈妈摸了摸我的后背，又厉声斥道："衣服这么湿怎么不去换？不怕感冒呀！""我不是上楼去了吗？还不是你把我叫下来的？"我气极了，心中已积满了满满一腔怒火，怒气冲冲地冲上楼换衣服，耳边总是充斥着妈妈那令人抓狂的唠叨声。吃饭时，妈妈还在絮絮叨叨地说个不停，我顿时觉得食欲大减。好好的一餐饭，全让妈妈给搅了。

饭后，我气鼓鼓地坐在椅子上看报纸。这时，一条标题为《春季防感冒事项》的报道吸引了我。"衣服湿了请立即更换，否则汗吸入毛孔导致感冒。""吃冷饭会导致消化不良及感冒。"这些字眼跳入了我的眼帘，我霎时像被电击似的呆在了那里，脑海里不停地回荡着妈妈的唠叨声。

原来妈妈这么唠叨是对我的爱！我恍然大悟，对妈妈的唠叨也转变了态度。亲爱的妈妈，以后我再也不嫌弃您的唠叨了。因为我知道了，您对我的爱，都藏在那一声声的唠叨里！

秘制"咸鸭蛋"

林佳妤

小时候我特别爱吃咸鸭蛋，经常要妈妈给我做。可做咸鸭蛋要花两个星期甚至更长时间，一向耐不住性子的我，因为咸鸭蛋闹了个大笑话。

那一次，我又像往常一样要求妈妈做咸鸭蛋。看着妈妈忙碌的样子，又看看院子里正在生蛋的鸭子，脑子里突然飞快地闪过一个念头：给鸭子吃盐，不就可以让它生咸鸭蛋了吗？

说干就干，我很快地想出了"A计划"。我提着一袋盐，一把抓住一只正要下河的鸭子，把它的嘴硬张成"一"字形，然后把盐倒进它嘴里。可是鸭子脾气倔得很，"宁死不屈"，给它灌多少盐，它就吐多少，我只好灰溜溜地放手了。我很生气：哼，等着吧，我一定会回来的。

"A计划"最终以失败告终，可是我并不气馁，又想出了"B计划"。嘿嘿，这下我可不会蛮干。我把盐倒进鸭食盆里，拌着鸭食。来到院子里，那只鸭子估计被我刚刚一折腾，饿坏了，所以不计前嫌，大步流星地向我走来，狼吞虎咽地吃着。我暗自得意：明天你生出的蛋就是咸鸭蛋啦。可是，没想到，我聪明一世，糊涂一时——

　　第二天，我迫不及待地来到院子里，那只吃了盐的鸭子软绵绵地倒在地上，已经死了。我哇哇大哭，妈妈闻声赶来，听我说了事情的经过，哭笑不得地说："鸭子吃太多盐会咸死的，而且这样也生不出咸鸭蛋啊……"

　　现在我已经长大了，像秘制"咸鸭蛋"这样的傻事我再也不会做了。虽然童年已经一去不返了，可每当我打开记忆的闸门，童年的往事便重现于我的心头。

童　趣

罗清杨

　　童年，宛若一个五彩的梦，大家在梦中纵情欢乐，自由高歌。在童年里发生的趣事，如同天上的星辰，繁多而又闪耀。

　　在一个夏季的夜晚，中午那蒸笼般的热气虽已退去，但无情的热浪还是接连袭来，很多人耐不住家中的酷热，都躲到外面来乘凉，我和哥哥、弟弟也加入了避暑的行列。我们找到了一个比较僻静的地方，静静地坐在那儿，看着天上的点点繁星，总觉得有些单调。

　　"你们说，我们玩些什么好呀？"弟弟问道。"还能玩什么，真无聊啊！"哥哥懒洋洋地说。我想了一会儿，说道："不如我们来比比谁憋气憋得久吧。""好啊，好啊！"弟弟忙不迭地回答，看样子他似乎没玩过这游戏，而哥哥因为无聊也答应了。于是，我们围成三角形，这时，哥哥说："三，二，一，开始！"我们赶忙深呼吸一口，开始憋气。大家互相瞪视着，似乎要吓垮对方，可没有一个人中招，我心想：不论你们要什么花招，我就是不吸气！

大家僵持了一会儿，这时弟弟忽然站起来跳滑稽的舞蹈，似乎想逗我和哥哥笑。我差点儿就笑出来了，可我努力克制，绝对不能笑，这没什么好笑的！于是，我按捺住了想笑的欲望。哥哥似乎不行了，他的脸涨成了猪肝色，脸扭曲成了一团。终于，他忍不住笑了出来，率先出局了。我见哥哥输了，便开始与弟弟针锋相对，我们互相挑逗着，可都不理睬对方的滑稽样。我双眉紧锁，努力使自己不呼吸，但氧气就快耗尽了。接下来的时间，我全凭意志支撑着自己，但弟弟似乎也不行了，他的脸已经变成了紫糖色。最终，我们俩不约而同地张开嘴，在那儿大口大口地喘气，斗成了平局。

"什么嘛！斗了半天是平局！"哥哥有些失望，而我和弟弟则大笑起来。哥哥看着我们，也笑了出起来。大家在那儿笑成了一团，游戏在欢声笑语中落下了帷幕。

现在，我已长大了，已不再玩小时候那样憋气的游戏了。但只要回想起这件趣事，仍觉得那么真切，那么有趣。

恶作剧后的意外发现

江顺涛

去年暑假，跟我玩得十分开心的死党表哥来我家玩一个月，我们俩干了许多的事，好坏皆有。

那天早上，爸爸妈妈到菜市场去买菜，我和表哥在家看家。我闲得无聊，便看起了《恶作剧大王》这本书，它是表哥带来的。突然，一个恶作剧吸引了我的眼球，我认真看了一下，说是用灰色油画棒在镜子上画，便会像镜子裂了一样。

我马上来了兴趣，平日里爱恶作剧的我拉上了表哥，跑进了妈妈房间……

我用灰色的油画棒，在妈妈梳妆台的镜子上用力地画出一条大裂痕，然后在大裂痕上画几条小一点儿的，这就完工了。

我站在远处一看，哇，效果好极了，真像裂了一样。

表哥也竖起大拇指："涛，你画得真像。""哪里哪里，承蒙夸奖！"我得意地说。

不过要怎样才能让爸爸妈妈相信呢？一肚子坏水的我又和表哥密谋起来。

爸爸妈妈刚一进门，表哥便装作惊慌失措的样子，冲上前去，对妈妈说："姨，涛涛他玩篮球，把你房间的镜子……撞……撞碎了！"我装作沉默不语，低着头坐在沙发上。妈妈刚开始还没反应过来。过了一会儿才回过神来，赶快一个箭步冲进房间，看了看镜子。我和表哥也紧跟随后，我站在妈妈后面，装作准备被训的样子，可怜兮兮地看着妈妈，其实心里正偷着乐呢！妈妈暴跳如雷，生气地对我说："涛涛，你玩什么篮球，找打是不是？"我没等妈妈说完，便狂笑起来，表哥也笑起来。一时间，搞得妈妈一头雾水，只是感到很纳闷。我走上前，擦了一下裂痕。妈妈这才恍然大悟，火气都烟消云散了。

事后，我也对画裂痕这事感到奇怪：为什么油画棒会画得那么像呢？我用电脑搜索了一下，费了九牛二虎之力，终于找到了答案。原来油画棒是由颜料、油、蜡这些物质构成的，在光线的反射下，自然就会像了。

每一个发现，其实都源于生活，只要我们细心观察，便能发现更多的知识！

风 的 自 白

潘彦妤

　　我，是一缕轻盈自在的山风，每一天，都在山中与自然为伴。这种生活虽有些单调枯燥，但也自得其乐。

　　一天清晨，我跟往常一样，爬上山冈去看那初升的太阳。太阳刚睡醒，散发出淡淡的光芒，给万物都披上了一层薄纱。过了一会儿，阳光逐渐变得温暖了，照亮了远处的城市，点亮了近处的村庄，就连冰冻了一晚上的冷空气都似乎要被融化了。

　　阳光照在我身后的一条小溪上，泛着柔和的光彩。我思考着，既然山中的风景这么美好，那么城市和村庄的呢？小时候曾经跑下山去，却没太注意景色，何不趁这次机会去参观一下呢？既然都这么想了，就行动吧。

　　我按着记忆中的路线来到了山下，只见缓缓的溪流旁几架水车吱呀吱呀地转着，和煦的阳光给这幅画面更添了几分光彩。跨过溪流，来到村庄，到处一片欣欣向荣的景象：农民们忙着给庄稼浇水施肥，幼苗们忙着吸收阳光水分和营养，妇女们在忙着打理家务。到处充满了和谐的氛围，让人陶醉。

继续向城市进发。我一边走一边欣赏沿路的风景，却发现这风景越来越怪，从原来美丽的花花草草到一幢幢别墅，然后是一排排树木和一丛丛杂草，到最后竟然变成了一堆堆垃圾和一排排砖瓦房。我看了一下周围，貌似这里叫城乡接合部，怎么会这样呢？

终于来到了城市里，但它没有我想得那样美好，高楼大厦挡住了阳光，街上有着许许多多的纸屑和痰迹，没有满眼的绿色，只有几棵绿化带中的树……整个城市以灰黑调为主，看得太多了，在不知不觉中就会形成审美疲劳。而我，在这里待了一会儿就不耐烦了，满大街的汽车，满鼻腔的废气，让人觉得头晕晕的。实在待不下去了，好想回到山里闻那清新的空气。于是，我狼狈地落荒而逃，匆忙结束了这一次城市之旅。

人类呀，你们为什么要破坏我们赖以生存的地球呢？如果没有地球，我们将在何处安身呢？地球只有一个，请用心呵护我们共同的家园吧！

给人类的一封信

张紫涵

亲爱的人类：

你们好！

我是小河。当你们看到这封信时，可能会感到意外，请原谅我冒昧地以这样的方式与你们交流。

21世纪，科技发达，一栋栋高楼拔地而起，做什么都很方便，但是，你们注意到我们生活环境的一些细节了吗？

原来的我，是一位充满青春活力的美少女——我宛如明镜一般，倒映着绿色的树和各种各样的野花；又像是一位活泼可爱的少女，我伴随着层层鳞浪随风而起，伴着跳跃的阳光翩翩起舞，我扬起的衣裙就像是天空七彩的绸缎。

春天的我是羞涩的。每年到了春季万物复苏的时候，冰封的河面慢慢地融化了，鱼儿的身影也渐渐浮现，岸上有了一层绿绿的东西，仔细一看才恍然大悟，原来是小草们露出了可爱的小脑袋，岸边的一排垂柳也抽出了新枝。

夏天的我是热烈的。烈日挂在天空上，热烘烘的太阳炙烤着大地，蝉鸣声不绝于耳，各种鲜花在河边生长着，一个亭亭玉立的姑娘站在我的身旁，轻轻捧着河水，炎热的夏季瞬间变得更加凉快起来。

秋天的我是引人注目的。秋风轻轻地吹拂着我，河面碧波荡漾，令人心旷神怡。黄昏，美丽的晚霞像一幅多姿多彩的图画映照在我的身上，仿佛就是一个童话般的世界。五颜六色的树叶，有红的，绿的，黄的……仿佛为我穿上了一件美丽的披风。

冬天的我是纯洁的。漫天飞舞的雪花给我穿上一件晶莹剔透的水晶衣，大地变成了一个粉妆玉砌的童话世界。

现在的我，却变样了——

我失去了往日的容颜，变得十分憔悴，肮脏，河水黑得像墨汁一般。河面上漂浮着你们路过时随手丢弃的垃圾，有易拉罐、废纸……你们为了一己之便什么东西都往我身上扔，我可不是你们人类家中的垃圾桶。原本我怀里可爱的小鱼小虾，一夜之间变得奄奄一息，伤的伤，死的死……

岸边原本翠绿的树不见了，青青的绿草弟弟不见了，喜欢在这散步的老人们不见了，换来的却是一家家工厂。

那些利欲熏心的人们把许许多多的管子安放在岸边，时不时把令人作呕的脏水废水排到我这儿来，臭气熏天。更让人可气的是，他们还每天利用烟囱大叔排放出呛鼻的烟雾，有时甚至排放出有毒气体。虽然他们的那些做法可能一时半会儿对你们没有伤害，但时间长了会出现怎样的结果呢？

原本仿佛蓝宝石般的蓝天，原本美丽的云朵和晚霞，仿佛在一夜之间不见了……

人类啊，醒醒吧！请你们睁开慧眼看看伤痕累累的我吧。为了让天更蓝，草更绿，水更清……请你们停下"迫害"我的脚步吧！保护水土，从小事做起！但愿你们看到这封信能有所警醒！

小河敬上

2017年1月

请给我一个自由的空间

杨　滢

我习惯地从枕头下拿出日记本，刚想打开，忽然觉得日记本好像被动过。

这种感觉让我产生一种莫名的恐惧。回头查看放日记的地方，跟往日一样，没有任何值得怀疑的蛛丝马迹。会不会是错觉呢？也许是自己没放好，也许是下意识里有这种担心。忽然我想起曾经在一本杂志上看到，一个女孩儿怕父母看她的信件，就在信封口上放一根头发丝。对，我就用这种方法。

第二天放学回家，我的心志忑不安，我希望我做的一切都是在枉费心机，是自己太多心，错怪了父母，他们依然值得信赖，是令人尊敬的好父母。然而，事实证明了我的怀疑，我精心设计的头发丝不见了，希望彻底破灭了。"他们怎么能这样，太卑鄙了！"我在心里愤怒地狂喊着，委屈的泪水一下子涌出眼眶。

晚饭，桌上，我一声不吭，低着头只顾猛扒饭。"吃菜呀，尝尝我今天的凉菜拌得怎么样？"妈妈有些讨好似的说。我白了她一眼，没吭声，心里却想：假惺惺，无聊！沉默了一会儿，爸爸装作聊天似的说："对了，你们班又有什么消息，你很久没和我们说学校的事了。"平时，父母也常问这问那，我没觉得什么，可今天听起来却格外刺耳。他们一定是串通好的，让爸爸先来打探虚实。

我实在忍不住了，"啪"地把筷子甩在桌上，说："是你们从小教育我要尊重别人的吧！那你们为什么不尊重我呢？为什么要偷看我的日记？你们有什么权利这样做！"爸爸一听，火了，提高嗓门说："有什么权利？就凭我是你爸，她是你妈！"听到这冰冷的话语，我站起身，迅速地跑回房，"砰"的一声关上门，趴在床上失声痛哭起来。

爸爸妈妈，你们为什么要偷看我日记？难道我就不能有自己的小秘密吗？为什么不能给我一个自由的空间呢？来到窗边，一阵清风吹过我的脸颊，风呀风，你快吹到爸爸妈妈跟前，让他们也好好清醒清醒吧！

当我面对荣誉的时候

张海涛

我清楚地记得三年级的那次半期考，虽然我与荣誉擦肩而过，但我很开心。

半期考就到了，我加紧复习，争取再当全班第一。

时间似流水，转眼就到了半期考了。同学们都一言不发，安静地等待考试。那天上午，空气似乎在教室内凝固了，气氛是那么紧张。

考卷发下来了，我一见考题，就迅速写出答案。在教室内，只听见同学们写字的"沙沙沙"声，没有一点儿杂音。即将做完时，一个题目难倒了我。"怎么办呀？不会呀！"我的心里怦怦跳，心急如焚。我急得像热锅上的蚂蚁——团团转。我头上直出汗，心里着急，可越着急越想不出。

趁着同桌捡笔的时间，我快速地瞟了一眼他的考卷，然后把答案写了下来，把考卷交了上去。

回家路上，我心里仿佛坠着一块大石头，沉重啊！"这样做对不对？"我问自己，可始终没有答案，我……

第二天，考卷发下来了。"江顺涛，98分，全班第一。"当语文老师念到我的名字时，我惊呆了，脸"唰"地红了，但是看着同学们向我投来羡慕的眼神，听到那经久不息的掌声时，我只能拖着沉重的身躯，迈着沉重的脚步上台领试卷。那一刻，我觉得空气再一次凝固，好像大家都在嘲笑我，指责我。那鲜红的"98"，像一把利剑深深地插进我的心脏，疼得令我无法自拔。

"到底是说还是不说？说了没有第一，不说我心里不踏实。"我与自己较上劲，展开了激烈的思想斗争。"说！""不说！""说！""不说！"这三个字不停在我脑海浮现。经过一番激烈的思想斗争，我决定说出事情的真相。

我鼓足了勇气，站起来，一字一顿地说："老师，我不是98分，应该是97分，有一题是抄的。""啊？""怎么会？"同学们呆住了，短暂的寂静之后，班上响起雷鸣般的掌声，我轻松了，我解放了，太好了……"好，很好。"老师说，"你很诚实，但是下不为例。"我点点头，如释重负。过后，我依然是大家的班长，因为我用诚实换来了大家的尊重。

我永远不会忘了那一天，因为那一天，我知道了荣誉不是最重要的，诚实才是人生的真谛。

二胡伴我成长

张胤煊

当我还是一个天真的小男孩儿时，二胡就悄悄走进我的内心。随着时光的流逝，二胡已陪伴着我走过六个春秋。如今，它已成为我生活中不可缺少的一部分。

六年前的一天，我在街上看到一个盲人忘情地拉着二胡，我被那悠扬的乐曲吸引，不禁停下脚步。这首曲子仿佛将我带到了山清水秀的江南，看到"天下第二泉"那美丽的景色。伴着潺潺泉水的涌动，这支乐曲又将我拉回了现实。从此，我就与二胡结下了不解之缘。

从那以后，我每周都到老师那儿学习二胡。开始时，我很紧张，运弓简直就像在拉锯子。老师不厌其烦地提醒、帮助我，我非但没有放松，身体反而绷得更紧。当时，我灰心极了，真想放弃了，但我转念一想：既然我选择了二胡，就应该坚持，不能被小困难吓倒、难倒。在老师耐心的指导下，我每天坚持练习，直到手酸了也不舍得停下。功夫不负有心人，我的努力没有白费，我终于可以轻松自如地运弓了。因为有学习二胡的经历，在以后的日子，无论遇到什么困难，我都能克服，我知道只要努力，所有事情都能成功。

在完成学习任务时，拉一首《赛马》，我觉得自己仿佛置身于草原，尽情领略无边的碧绿和蓝天；一曲《月夜》，我仿佛在月光下静静坐着，享受月光的洗礼；一曲《空山鸟语》，带我到鸟语花香的大山中，倾听小鸟的歌唱。二胡让我在紧张的学习之余，放松了身心。

到目前为止，我已获得了六本证书，那一本本证书，见证了我的汗水和喜悦。二胡伴随我从一个幼童成长为一名坚强的少年。它像知己，快乐时与它分享，难过时向它倾诉。它将伴我成长，直到永远！

我 的 烦 恼

俞一诺

唉！我小小年纪，心里的烦恼却多如麻，刚解决了一个，另一个麻烦接踵而至。

我每次经过运动鞋店时，都会身不由己地往里走，为什么呢？因为我十分喜爱篮球，认为没有篮球鞋就不能打好篮球。而运动鞋店中那些上好的篮球鞋自然就成了我关注的焦点，但是它们的标价令我有点儿无法接受：最少五百多元，贵的七八百。更令我失望的是，店里的篮球鞋最小的是39码的，而我的脚才37码，穿上它我就像踩着两条小船，随时会摔个狗啃泥。我曾多次向父母提出买篮球鞋，也和父母来过运动鞋店，可都被他们给回绝了："儿子，你买篮球鞋一是没必要，二是你根本穿不了！"我每次去提这个要求，都像泄了气的皮球一样回来，已经数不清多少次和父母说这句话了："爸、妈，我是为了打篮球而买篮球鞋，鞋带绑紧点儿完全可以穿！"我心中一直有这样一个谜团没解开："为什么他们不让我买篮球鞋？"每次我沮丧地从鞋店里出来时，望着天空，虽然晴空万里，但在我眼里是乌云密布；望着飞来飞去的麻雀，我好羡慕，因为连它们都比我快活。

直到上个月的一个周日，我心中的谜团终于解开了。那天傍晚，我和爸爸出去逛街，我又身不由己地走进了运动鞋店，结果可想而知，又没买到合适的鞋。在回家的路上，爸爸塞给我五百元钱，对我说："儿子，不是我们不给你买篮球鞋，是你的脚实在不够大呀！这钱给你，等你脚够长了，你自己去买！"回到家中，我呆呆地看着钱，流泪了。这时我才明白：父母不给我买篮球鞋是为了我好，他们怕我的鞋不合脚而影响脚的发育，另外为了杜绝攀比现象，我也不应该提出这种要求。

那一刻，我醒悟了：原来，我的烦恼都是自己找的！

妈妈"抗痘"记

陈 超

唉！可能是春姑娘没注意，竟把青春痘撒在了我妈妈的脸上，妈妈的"抗痘"大行动从此便拉开了序幕。

长了痘痘可不是一件好事，虽然只有几颗，却长在引人注目的地方。几天后，又高又俊的鼻子本是她脸上的"珠穆朗玛峰"，而痘痘却在她的鼻尖上安了家，像赶集似的你不让我，我不让你，还油光发亮呢！更何况妈妈本来就不算靓，这一来可真是雪上加霜。妈妈最爱臭美！别看在同事和朋友面前满不在乎，那是装蒜！背地里妈妈可急着呢！

妈妈在网上看到黄瓜清火能防止痘痘的快速增长后，便喜不自禁。晚饭时，妈妈向黄瓜发起了全面"攻击"。她一口气吃了四根，本以为可以让青春痘消失，结果夜里泻肚三次，而痘痘不但没有少，反而又在妈妈那引以为荣的嘴唇旁安了家。一招不行，再换一招。妈妈不知又从哪里寻来了"灵丹妙药"，瓶子、盒子、勺子、镊子……装慢了她的小抽屉。今天用这个药水擦一擦，明天用那种药涂一涂。一有时间还要用镊子在痘痘上夹一夹，那样子活像外科医生。尽管妈妈饱受皮肉之苦，可那些痘痘仍然是"秋天里的韭菜———茬接一茬"层出不穷。

爸爸看着妈妈那菜色的小脸，心疼不已，在饭桌上不断地往妈妈碗里夹菜。可妈妈并不领情，还振振有词："不吃辣，不吃腥，青春痘痘无踪影。"一周下来，妈妈的痘痘没见少，体重倒是减了不少。那天，妈妈在饭桌上宣布从此不再"抗痘"了，便开始狼吞虎咽地吃了起来。过后，妈妈神秘地给了我一张卡，上面写着：青春美丽却有痘，又搽又抹痘不走。"抗痘"抗得人消瘦，先生心疼儿心忧。

哎哟，我的妈妈呀，您终于清醒了！不管痘痘是否在您脸上"安家"，您在我心中永远最美！

妈妈的菜谱

小　鱼

我家书柜里有一排的菜谱，大大小小的菜谱有一二十本，还有几本迷你型的，远看像小人书，近看却是一本本菜谱！那可是妈妈为了"对付"我那张刁难她的嘴而专门准备的。

我总是挑食，为此父母急得像"热锅上的蚂蚁——团团转"。妈妈在万般无奈的情形下，只好想出了"绝招"。周日，妈妈拉着我爸神秘地说："咱儿子太挑食了，还是去买几本菜谱，我要开始学厨！"

晚上，我听见楼下有动静，我十分好奇，穿上睡袍下了楼，蹑手蹑脚地走近厨房，趴在玻璃门上往里边瞄。看到妈妈正一手拿着一本崭新的菜谱，一手在放菜的架子上找着，边看书边将手伸向架子。妈妈拿起了两个鸡蛋，边漫不经心地磕开蛋壳边自言自语："鸡蛋两个，只要蛋清。"又拿起盐和味精，"盐、味精各一小勺，搅拌均匀。"我大吃一惊，顺手拿了本书坐在正对着厨房的椅子上，不时地往里面瞅。时过不久，妈妈手捧一盘红红绿绿的菜满面春风地从厨房走了出来，对着我兴奋地说："儿子，尝一尝，专门为你做的，认真尝，提意见，妈妈再去修改！"我将信将疑地拿起筷子，从盘子里夹了一块，刚送到嘴边又停住了，我心想："美食家们都说一闻二看三再尝，我也试试！"我夹着菜放在鼻子底下使劲闻了闻，挺香的；又夹到灯下仔细看了看，油光水亮；在吃之前我还不放心，把它做了一次三百六十度全面观察，确认无瑕疵后才敢送进嘴中，细细咀嚼，慢慢品味。妈妈在一旁用期待的眼神观察我的表情，我"痛苦"地咽下菜后，眼泪流出来了："妈，这菜太咸了，以后少放些盐行吗？"边咳嗽边冲向厨房找水。妈妈无奈地耸耸肩，疾步走回了厨房，提笔在书上写着什么。

第二天，我在餐桌上又看到了这道菜，我毫不犹豫地拿起筷子，迅速夹起一块入口，"嗯，味道真是好极了！"我边吃边啧啧赞叹。我推开厨房门就喊道："妈！简直太棒了！这道菜终于令我满意了！理解万岁！"然而，厨房中并没有人，我转身一看，妈妈站在餐桌旁边，望着我微笑，慢慢地回到厨房，提着笔在书上写着、记着。

一次偶然的机会，我翻开妈妈的菜谱一看，发现每道菜谱边上都做上了笔记。看到这儿，我的眼眶湿润了，眼前浮现出妈妈做菜的一幕幕，她每做一道菜都会倾听我的意见，并做上笔记。如果第一次有问题，那么第二次就会针对问题加以改进。妈妈为了我的挑食问题真是操碎了心。

妈妈菜谱上的笔记是一滴滴的爱，倾注在菜里，倾注在我心中。

妈妈，我想对您说

林佳琪

亲爱的妈妈：

　　您好！

　　今晚，柔柔的月光照进我的书屋，望着那迷人的月色，我这颗多愁善感的心便想起了远在大洋彼岸的您。想您的一笑一颦，一言一行。于是，我便提起笔来写下我对您的思念之情。

　　"看，我妈妈来接我了。""瞧，这是我妈妈给我买的。"每当听见同学们在谈自己妈妈如何好时，我的心里就有一种说不出的难受。您既没有买好东西给我，也没有来接过我，因为您出国了，我只能把满腔的委屈和思念深深地埋藏在心中。

　　妈妈，您知道吗？每次回家，我总是先看看您回来了没有。希望有一天您能突然出现在我身边，给我一个大大的惊喜，可每次都失望了……渐渐地，我不再想您了，原以为默默等待的日子已经过去了，可我身边的同学总是谈起自己的妈妈，那些简单的话语总能勾起我对往日的回忆。妈妈，和您在一起的日子是那么的让人回味，让人难舍。

这几年来，我做的梦多得像天上的星星，但许多神奇、美妙的梦已经模糊了，唯有这个梦我记得清清楚楚。我梦见您回来了，带着我和妹妹阿佩来到花园里，一起嬉戏，一起玩耍，醒来时却发现是空欢喜一场，您并没有回来。我静静地躺在床上，还在回味着在梦中与您相处的快乐时光。月光透过窗子照射在我的脸上，像您温柔的手抚摸着我的小脸，月亮姐姐是在可怜我啊……

妈妈，您知道吗？我的好朋友齐达常常请我到他家去做客。他妈妈为我们炒了一盘又一盘香喷喷的菜。吃着可口的饭菜，我又想起了您在家时我们一家欢聚的情景，您在厨房里忙得不亦乐乎，我和妹妹就像两只馋嘴的小猫，围着您团团转，您那严厉中透着慈爱的斥责声，现在想起来简直就是"厨房交响曲"里最动听的乐音啊！唉，原来那样唾手可得的东西，今天却只能成为梦想了。

妈妈，因为工作的关系，您和爸爸双双迁到了国外，您可知道，我和阿佩是多么想念你们啊！我们相隔这么远，再也不可能像从前一样在一起了。我想：您在阿根廷这个热闹繁华的国家，远离家乡，人生地疏，刚开始一定也有些不习惯吧！但您顽强生活，知难而进的精神是一种无形的力量，一直鼓舞着我，每当遇到困难，想逃避偷懒时，一想起您那坚强的身影，我就有了劲儿，就能振奋精神，去学习，去生活……

妈妈，我想对您说：您快回来吧！要知道没有您在身边的日子里，我是多么的痛苦与悲伤。我想，总有一天，您会飞回到我身边，为了这团聚的一天，我会默默地等待着……

祝您身体健康！工作顺利！

深爱您的女儿：佳琪

阳光是你，是我

我思故我在

罗清杨

说到感激，大家首先想到的一定是感激父母，感激朋友。可我感激的是一名陌生的老人，倒不是因为他对我有什么恩惠，而是因为他让我明白了一个浅显却又常被遗忘的简单道理。

那天早晨，清爽的空气和微风使人格外神清气爽，沐浴着初升的太阳，一切都得显得那么朝气蓬勃，再加上那鸟儿的啼啭，顿时，这世界仿佛变成了人间仙境。如此的美景我岂能错过，于是，我从杂物间取出了那骑得不太熟练的自行车，然后一摇一摆地上路了。

我骑着自行车，在附近兜着圈子。我来到一段下坡路段，于是，我减慢了速度，缓缓地骑着，眼看只差一小段距离了，我想：现在四周没有人，不如我加速吧！于是，我松开了闸，顿时，车如脱兔般冲了出去。接着是"嗖"

的一声，然后是"咚"的一声钝响，我隐约感觉有人倒地了。我往后望去，果然，一名老者被我加速时的气浪掀翻了。我十分惶恐，心想："完了，闯祸了。不行，得快逃啊！"于是，我加快速度，逃之夭夭了。

逃了一段距离后，我觉得老人应该追不上了，便停下了车。这时，我发现车尾挂着一个皮包，应该是老人的包钩在了这里。我取下皮包，翻看时发现里面有五百元钱！顿时，一种想占为己有的想法出现了：据为己有吧，没人知道的。我几乎就要这么做了，可是，我转念一想：不对呀，我肇事逃逸又拿人钱财，那不是十恶不赦了吗？不行，我得把钱送回去，就算被骂被打也好。于是，我骑上车，带着包打算去追老人，把包还给他。

我骑着车原路返回，发现老人还在那儿没走，显然是在等我。等我近前细看一番，发现他长得慈眉善目，应该很好说话。于是，我忐忑不安地来到他身边，将包递给他，并小声说："老爷爷，对不起，我知错了，请原谅我。"说完，我低下头，准备迎接一阵狂风暴雨。可令我没想到的是，他拍了拍我的肩膀，说："好小子，难得你知错就改，我这次原谅你吧。"说完，他便拿上包，颤颤巍巍地走了，留下我一个人愣在那里。

当我回过神来时，老人已经走远了，我望着他越来越小的背影，心中充满了对他的感激。因为他不仅宽恕了我，还提醒了我那个几乎要被人遗忘的道理：知错就改，善莫大焉。

阳光是你，是我

谢谢那只失去翅膀的蜂

叶兆泽

　　记得那是在我六岁那年的一个炎热夏日的午后，那天，我独自一人蹲在沙地上，用小铲一铲一铲地把沙子铲起来，再倒掉，一次次无聊地重复着……

　　树上的知了发出沉闷的叫声，仿佛也在抱怨这酷热的天气。它们的叫声让我烦躁不安。我一下子蹦起来，拍拍身上的泥沙，在沙地上兜起圈来。正当我不耐烦时，突然一个小东西落在了沙地上。我的眼睛一下子亮起来，小心翼翼地半蹲在它的附近，也不顾沙土弄脏了我的裤子。我一动也不敢动，生怕惊动了它。这时我清楚地看到了它的样子。我的脑海里浮现出三个字——舍腰蜂。法布尔说舍腰蜂喜欢在沙地上挖洞。看来，这只舍腰蜂也准备在沙地上安家了。

　　我兴致勃勃地看着它工作，它在沙地上快乐地忙碌着，为自己找到一个舒适的家而感到高兴。我忘记了灼热的天气，目不转睛地看着它不停地挖掘。就在它挖到几厘米深、整个身体进入洞中后，我的脑海里突然闪过一个恶毒的想法——把这位快乐的"工人"掩埋掉。儿童的无知与好奇心从我心中涌现出来，我铲起一些沙子倒进洞里，仔细地填好，再倒再填，不一会儿就听见洞里传来奇异的嗡嗡声。我心满意足地踩实沙土，然后跑回了家。

吃完饭后，我想起了那只舍腰蜂，我想这回挖到的一定是它的尸体。想到这儿，我快速地跑到沙地，一看，眼前的景象让我震惊：洞口已经重新疏通了，里面不断有沙子被抛出来，还夹杂着一些翅膀的碎屑。小小的蜜蜂儿逃出来了，我一下子坐在了地上，望着夹杂着翅膀碎屑的泥土，小小的我，"哇"的一声大叫起来。

这件事让我至今难以忘怀，那只小小的蜂带给我前所未有的震撼。我想，舍腰蜂一定是在发现家门被堵后，又害怕又吃惊，但对阳光与蓝天的向往让它冲破了恐惧，勇敢地用尽所有的力量与方法，终于逃了出来。虽然这只是它逃生的本能反应，但现在想起来，它顽强的意志给我儿时无知而幼稚的心底留下了永不磨灭的烙印。它使我懂得了只要顽强拼搏就能改变眼前的一切。

从那以后，我再也没有伤害过小动物。如果那只舍腰蜂能听懂人类的语言，我一定会对它说："谢谢你，失去了翅膀的舍腰蜂，是你给我上了生动的一课！"

阳光是你，是我

阳光是你，是我

阿　圆

老师常说："学习雷锋要从身边的小事做起，这样才是好样的！"嘿！今天，还真让我遇上了一件小事。

放学时，我走过宽广的马路，伴着轻柔的微风，迎着温暖的阳光，来到华山小区，到了自家楼下。

突然，一个身背编织袋的叔叔迈着大步，急急忙忙地从楼上飞奔下来。我见他这副着急样，我定了定神，看清楚了叔叔的模样：一张古铜色的脸，写满了焦急的神情，两只茫然而不知所措的眼睛左顾右盼着，强壮的身子背了一袋用编织袋装起来的"庞然大物"，汗水从他额头上"飞流直下三千尺"。不用说，这位叔叔保证是遇见困难了。可是，我又不敢肯定他是善是恶，是需要帮助的弱者，还是伪装了的坏人。我又转念一想，反正身旁有保安，再说，这位叔叔看上去也不像坏人，不用怕。

我跑上去问了一声："叔叔，你是不是需要帮助？我能帮你吗？"那位叔叔放下袋子，一边回答，一边用手比画，可他口齿不太清，加上很重的方言，我一句也听不懂。焦急之中，我再次提醒："叔叔，这里是华山小区，你要到几栋几号？"叔叔像刚睡醒似的，急忙从口袋里摸出一张纸，我接来一看，"华山小区×栋×××室"。哦！我终于明白了，原来这位叔叔是来送米的，因为不熟悉地形，已经白跑了好几家。"哈，这么简单，我帮你！"

　　天还是那么蓝，风还是那么柔，小草还是那么绿。我们找到了买米的人，当房里的主人满意地接过叔叔肩上的米时，叔叔那古铜色的脸上才露出了一丝笑意，这丝笑意像一道阳光，使我的心情更加快乐。

　　回到家，夕阳的余晖把我家的阳台染得橙红橙红的。看着那丝丝余晖，我突然发现，其实我们每一个人都可以成为一缕温暖别人的阳光。

往左，还是往右？

罗倩圆

往左，还是往右？面对两个垃圾桶，我不知如何选择。

往左，是一个空空如也的垃圾桶，我可以轻而易举地把垃圾投入垃圾桶里，但是，路程太遥远了；往右，是一个里外都是垃圾的垃圾桶，地上一袋袋的剩饭、剩菜都散开了，污水流了一地，一群群苍蝇在上面尽情地飞舞，从很远的地方就可以闻到一股恶臭。但是，两三步的路程就能到达。

往左，清洁工人就能轻而易举地把垃圾桶提起，倒出里面的垃圾；往右，垃圾依然是撒了一地，清洁工人就要拿着扫把扫起地上一堆堆垃圾，这样就会给清洁工人增加一份辛劳，为的只是我的方便。面对手中沉重而又发出恶臭的垃圾，我犹豫了。

或许，有许多人和我一样，面对两个垃圾桶，面对手中的垃圾，不止一次地问过自己，往左？还是往右？也许，他们都选择了往右的道路，都选择了让自己方便、让清洁工人辛苦的道路。放下手中的垃圾，也许会如释重负，但把垃圾扔在右边的垃圾桶边时，同时也扔掉了自己的那一份人格。

　　想到这儿，我毅然转向了左边。手已经发麻，污水一滴滴地跟随着我的步子落下，似乎是想减轻我的负担。当我把垃圾扔入垃圾桶的那一刹那，我全身上下都像卸下了千斤担一般，轻松极了。

　　生活中，也许很多时候面临着像这样令人左右为难的抉择。当它来临时，考验的是你的为人处世的态度，或许你也会像我一样做出正确的选择。

父亲的爱

杨　逸

在我幼小、朦胧的记忆中，"父亲"这一词始终比"母亲"要陌生，因为父亲永远不如母亲关心我。母亲的爱，让我感到温暖。而父亲的爱，却夹着一丝寒冷。在单位里，爸爸是骨干分子，单位里的一把好手，同事们都敬重他。可在我心里，却有些"恨"爸爸。

那天，我英语二级考试过关了，我欢天喜地地把这件事告诉了妈妈，妈妈开心极了，到处找邻居报喜，还为我准备了一顿丰盛的晚餐，我想：一定要把好消息告诉爸爸，让他也高兴高兴。

七点，爸爸下班了，妈妈在厨房里忙得不亦乐乎。我和爸爸则坐在餐桌前等饭吃，我按捺不住心中的喜悦，笑嘻嘻地对爸爸说："爸爸，我今天考级过关喽，是不是给点儿鼓励？"说完用期待的眼神看着爸爸。哪知爸爸的脸上并没有出现惊喜的笑容，只是扬了扬眉毛，咧了咧嘴，淡淡地说了句："还可以。"便起身做别的事去了。我顿时愣住了，笑容僵在了脸上，之后那不争气的眼泪就流了下来。难道我辛苦了一年多，好不容易才通过的考级，就只能得到爸爸的一句"还可以"吗？我气愤极了，觉得爸爸一点儿也不爱我，我辛苦努力的结果，他一点儿也不在乎，一赌气，我便把自己锁在了房间里。

　　妈妈见我生气了，便责怪起爸爸来。我也懒得理他们，随手拿起一本书，定睛一看，是一本《小学英语考级天天练》。这不是爸爸为了我考级顺利通过而买的练习书吗？哼，假惺惺！我正要把书扔在一边，却隐约听见爸爸妈妈的争吵："小孩子取得点儿成绩有什么好表扬的？这点儿英语水平算什么？这样都要表扬的话，那她以后还怎么虚心学习？你要她成为那种得到一点儿成绩就把自己捧到天上的人吗？"这是爸爸的声音，是那样的洪亮，我的脑袋好像被什么东西给撞醒了。是啊，原来爸爸不对我给予表扬，是怕我从此养成骄傲自满的习惯，就不再像以前那样虚心学习了。爸爸冒雨为我买来这本练习书，不是已经把那浓浓的父爱灌注在这本书里了吗？

　　其实天下的父亲都是爱自己的儿女的，只是父亲爱女儿的表示方式与母亲不一样。母亲总是给我无微不致的关怀，而父亲的爱是一种无形的力量，在背后默默支持着我。正是因为有了这无形的力量才激励着我前进，让我在漫长的学习生涯中克服困难，戒骄戒躁，更上一层楼！

沉稳的父爱

刘 航

夜凉如水，微微晃动的灯光下，是一片温暖的天地。在那伸手不见五指的黑夜里，是什么抚平了我那颗曾经胆怯的心？哦，是那并不善于言辞的父亲，是那教会了我勇敢与坚定的父亲。

那时，胆小如鼠的我什么事都做不成，"胆小"这个缺点便成了父母有目共睹的"焦点"。妈妈成天温和地对我说教，我每天应声回答，只不过是给我心灵上的自卑感找到一些寄托罢了。可是，更让我伤心的是爸爸，每当妈妈在教育我时，爸爸总是一言不发，只是用一种充满慈爱的眼光看着我，我不知何故。难道爸爸不知道我需要他的安慰吗？我只是经常看见爸爸在书房里转悠，对我的事情好像一点儿也不在乎，我甚至觉得爸爸不爱我了，只知道天天查资料！

那天，爸爸不知何故让我去阳台一下，我去了，看见的是爸爸严肃的面孔。我轻轻地问道："什么事，爸爸？"爸爸马上用低沉的声音问我："我问你，如果在一条充满荆棘的路尽头，放着能实现你梦想的宝盒，而路的中间一小段没有荆棘，后面是一座家园，你会选哪一个？"我被父亲直来直去的语气给吓到了，用胆怯的声音回答："我……我一定会努力的，我可以忽视那些荆棘吗？""哦？是吗？真的？如果我把它们换成人呢？""我……"我似乎明白了什么，渐渐低下头去："我……我会努力的！"

从那以后，我的胆子渐渐大了起来。每当遇到困难时，我的耳旁总响起爸爸对我说的话："要努力，要坚强！"在爱的鼓励下，如今的我已经能够勇敢地面对各种困难，还当上了班级课代表，取得一些成绩。这些都要感谢我的爸爸，是他教育了我，给了我上进的勇气。

如果说，妈妈是一位散文家，那爸爸就是一位哲学家。我感谢父亲给我独特的爱，因为这份爱让我明白了，无论做什么事，只要勇敢往前走，不要在乎别人说什么。哦，谢谢您，亲爱的爸爸，是您给了我那沉稳的父爱，给予我前进的力量！

父爱的味道

陈紫婷

　　如果有人问我，父爱的味道是怎样的？我竟回答不上来。一直以来，它困惑着我，我努力地寻找它的答案，久久没有结果。可是一次无意间，我却在吃饭的时候感受到了父爱的味道。

　　那天妈妈不在家，家里显得冷清了许多。晚饭时，我依旧跟往常一样，边看书边吃饭。平时的六菜一汤竟变成了一菜一汤。我嘟起嘴巴，默默地扒饭、夹菜，夹菜、扒饭……

　　爸爸也来吃了。"要好好读书，争取拿个第一名。"爸爸边嚼着饭菜边对我说，"今天是我回来晚了没让你吃上好吃的菜，明天一定给你买好吃的。"

　　无意中，我发现爸爸每次夹菜只夹芹菜，而那炒肉丝却不时地朝我这儿推……显然父亲发现了我在怔怔地望着他，便立即夹了肉丝里的菜往嘴里送，装着津津有味地嚼着，并说："我觉得这菜比这肉丝美味得多。"吞下嘴里的饭菜后便对我故作满意地一笑。

我的心猛地一颤。哦，真的吗？爸爸，我为什么品尝不出来呢？

我抬头看了一眼父亲的额头，黝黑的额头上又多了几道深深的皱纹。那些被时光刻下的皱纹，是那么深密，仿佛条条皱纹里都有着一片阳光和一片风雨；有多少条皱纹，便有父亲多少个辛酸的故事……

我端着碗的手颤抖起来，一种涩味的东西从眼角流到了嘴里。我知道，我的泪是为父亲而流的，父亲的言行深深地打动了我。那一刻我明白了，我不是一直在寻找父爱的味道吗？它淡淡的，如同午后的清茶，时时萦绕在我的心头。

乘着梦想的翅膀飞翔

林鑫彤

在众多的器乐里，我对钢琴情有独钟。

我的学琴之路始于幼儿园。那时，妈妈带我去听了一场钢琴演奏会。望着台上投入演奏的钢琴家，听着一阵阵宛如流水般的琴声，我小小的心瞬间被震撼了。我心里萌生了一个念头：我要学钢琴。当我把这个想法告诉妈妈时，妈妈欣然同意了。于是，我便踏上了学琴之路。

学了钢琴后，我一直有一个梦想：要得到比赛中一等奖的第一名。拿第一名可不是一件容易的事，因为赛场上都是来自各地出类拔萃的选手，他们在气场上足以压倒我，但我并没有气馁，我暗暗下定决心，一定要朝这个方向努力着。希望有一天，我的这个梦想得以实现。

去年元旦，妈妈带我远赴厦门鼓浪屿音乐学校，参加一年一度的东盟艺术节钢琴比赛。在此次比赛前，老师翻遍了乐谱，给我定了一首难度很大、乐感也很强的曲子。我刻苦练习，暗暗下定决心，这次，我一定要实现我的梦想。

寒冷的冬日里，我穿着一件背心裙，虽然穿着丝袜，外面罩着大衣，但我还是冷得全身都在发抖。下了车，进入了有暖气的大厅，我才暂时缓过神来。

大厅里人山人海，有化着浓妆的男孩儿、女孩儿们，报名的家长们，还有走来走去的工作人员……看得我眼花缭乱。会场里不时传出的琴声令我愈发紧张，我暗暗咬紧了嘴唇，告诉自己一定要镇定。

"37号林鑫彤。"我拿了牌子别在衣服上，在妈妈的陪伴下走进会场，我的心一下子怦怦乱跳起来。会场安静极了，只有优美的琴声在会场萦绕。我坐在指定位置上，心里不停地重复一句话：别紧张，努力就行！

36号的琴声收尾时，我的双手不由自主地绞在了一起。当听见我的名字在广播中响起时，我慢慢地走上台，脸上呈现出微笑，向观众鞠躬后坐在了琴凳上。

脚踩在踏板上后，我明显地感觉到它在颤抖，而且抖得厉害。我强制性地往下一压，终于固定住了。可我双手搭在琴键上时，才感觉到我的双手已经冻僵了，指尖几乎没有知觉。不过管不了那么多了，我长舒一口气，按响了第一个音。当手指触摸到琴键时，我情不自禁地往下弹去。一个节拍紧跟一个节拍，无比顺畅。因为我弹的是一首很长的曲子，而且难度极大，我几乎全是依靠记忆弹完的。

在弹的过程中，该用力时，我弹得慷慨激昂；该轻柔时，我伏在钢琴前，轻轻地按下琴键。力量的对比十分明显，当我弹完最后一个音时，雷鸣般的掌声响了起来，我情不自禁地笑了起来，完美谢幕。

坐在观众席上，我的心情平复了不少。宣布成绩时，我反而很坦然，并不紧张，或许是因为已经弹完了，再紧张也不能更好的原因吧。就算没有一等奖的第一名，也没关系。可当我听到我的名字后面紧跟着"一等奖第一名"时，我鼻子一酸，热乎乎的眼泪不知怎么就流了出来，夹杂着几分无法用言语来表达的感觉。啊，一等奖的第一名，多少次出现在我的梦中。能有今天的成绩，完全是当初那个乘着翅膀起飞的梦想……

那是一次成功的尝试

诺 一

那一年，我在夏令营中进行了一次成功的尝试。

在夏令营拓展训练课上，教官让我们穿戴好防护用具，带着我们玩一个叫"空中飞人"的训练器材。我的心里十分好奇：这个会是什么项目呢？好玩吗？教官领着我们走到"空中飞人"下面，我仰起头一看：这个器材真奇怪，一根两侧都是横杆的柱子，上面有一条滑索，滑索上系着一个倒T字形的把手，底下还拉着一张防护网，看着挺好玩的。

教官指着这个器材对我们说："这就是今天的训练项目，谁愿意第一个来？"男孩子的好奇心和勇气促使我第一个举起了手，教官回头一看，投来赞许的目光："好，你第一个上！"说着，便给我戴上了防护头盔。

我顺着栏杆一步步地向上爬着，站在顶端的两根横杆上，眼前的一幕差点儿把我的魂吓出来：我一个人站在离地十米的柱子上，地面上的人小得像笔盒那么小，眼前的把手离我有两米远，底下的防护网像要把我吞噬一般。我的心一下子凉了大半截，双腿也不由自主地抖动了起来，身体像筛糠一样颤动着，心里像揣了只小兔子一样"扑通扑通"地快速跳着。天哪！太可怕了！

教官看我犹豫不决，向我大声喊道："快点儿，不行就下来吧！"当着众人的面我怎能轻易服输呢？我可是自愿说要第一个挑战的呀。想到这，我的心一横，硬着头皮，咬紧牙关，用尽全力向前跳去，风在我耳边"呼呼"地刮过，那把手离我越来越近了！终于，我的双手抓住了横杆，底下的伙伴们欢呼起来。我抓着把手，顺着滑索麻利地向前滑去，心中悬着的大石头终于落地了。我长吁了一口气，站在了另一边的横杆上，迈着充满信心的步子回到了地面。

这次尝试我成功了！我成功战胜了恐惧，小伙伴和教官为我欢呼着，我的心像花儿般绽放，美极了！

经过这次尝试后，我的心中感慨万千：千万不要被恐惧所击倒，只有自信，才能战胜恐惧走向成功！

让我难忘的一件事

杨玉英

那年暑假，我刚出门，就碰上了搬家多年的好朋友。"怎么样，出去找点儿活计干干？"她眨着跟我一样疲惫的眼睛。几个小时过后。我终于领略了她所谓的"工作"——推销家用电器，散发广告传单。没想到，一场悲喜剧正等着我们去上演。

捧着手里如雪的一沓传单，我才感到自己心乱如麻。想起刚才经理的眼神，那分明在说："小姑娘，柔柔弱弱的，能行吗？"哼，不要小看人，这不同学校发试卷一样简单吗？我深吸了一口气，瞄准了一位中年男士，便莽撞地跑了过去："先生，不知你可有兴趣看看我的产品介绍？""什么？请再说一遍。"噢，原来是我声音太小，像蚊子哼哼，唉，真丢人！我鼓起勇气，再说了一遍。还好，是个好脾气，他温文尔雅地笑着："给我看看。"我抑制住兴奋，小心翼翼地抽出一张虔诚地递上。我成功了！我终于递出了第一份！虽然只是一张纸，却如同千金重礼，我顺利地送走了它。社会接纳了我，我成为社会大课堂的新学生了。微风轻轻地掠过我的脸颊，我兴奋极了。

我忙忙碌碌地工作着，来来往往于人海中。有人惊诧：这是学生吧！哼，学生又怎么了，不该冲出那些"保护"去闯新世界吗？

这时，人群中走过一位大腹便便的先生。我忙跑过去，说："先生，请看看——"话未说完，手中传单早已被打飞了。"小鬼，别挡路，什么破玩意儿还值得看？"我竭力忍住不让咸咸的液体流出来，一本正经地说："先生，请给别人自尊，那也是维护您的自尊。"在众目睽睽下，那人嚷嚷着走了。我刚想哭，继而顿悟：哭什么？你不是成功地维护了自尊吗？人生路上，哪能不跌倒？想到这儿，我又一次笑了，畅怀地笑了。

这件事过后，我悟出了一个道理：社会大课堂，要说爱你不容易！我交出的试卷能打多少分？六十分？还是七十分？不管多少分，只要我在社会大课堂保留学籍，那么终有一天我会唱响一支歌——社会大课堂，要说爱你也容易！

过 端 午

卢钦玉

　　"五月五，是端阳。门插艾，香满堂。吃粽子，洒白糖，龙舟下水喜洋洋……"

　　端午节这天，甜糯的粽香，噼噼啪啪的鞭炮声，还有孩子们的欢笑声，让整个小城都沉浸在节日的喜庆和欢乐里。

　　我们家的端午，和别人大有不同。因为我们全家都是土生土长的沙县人，因此我们过端午除了包粽子，喝雄黄酒外，还增添了洗百草浴、吃百草蛋这一习俗。

　　"百草"，要外婆家才有，城市里是找不齐的。端午这天一大早，我们就迫不及待地前往外婆家。当城市的喧嚣离我远去时，那带着芬芳的泥土气息扑面而来，让人忍不住深呼吸几口。紧接着，甜糯清香，麻辣酸甜，酸辣甜辣……各种各样的气味争先恐后地扑鼻而来，让人全身心浸润在其中，回味悠长。

见到外婆后，寒暄了几句就开始忙活端午节的活儿了。

傍晚，外婆带我和表弟去采百草。小草嫩绿，大艾芬芳，鱼腥草随风起舞，叶下珠向我招手。采了几种草药后，外婆告诉我们接下来可以自由采百草了。我欢呼起来，像脱绳的野马一样奔跑，像破笼而出的鸟儿一样自由。

我精心挑了几株普通却长势向上的野草和一些山地叶、桑叶。见田里有几只鸭子，我想起了"鸭子草"，那是一种叶片形状像鸭子的草，名字也是我取的。为了找这种"鸭子草"，我可是跑了几百米才采到的！"咦，那是大艾吗？"我听见表弟疑惑不解的声音。"不是，那是地瓜叶！"外婆笑眯眯地说。"可是我已经把它采了下来！"表弟一脸的憨笑。这次，我和外婆都忍不住"扑哧"一声笑了。

当外婆把百草丢入大锅时，一股沁人心脾的清香开始弥漫整个屋子。外婆把鸡蛋放入百草水中煮至熟透后，我迫不及待轻轻敲开那在百草水中浸泡过的蛋，小心翼翼地剥壳，轻捏鸡蛋，往嘴边一送，咬一口，一股混着百草味儿的蛋香真是令人回味无穷啊！吃完百草蛋和热腾腾的粽子，我打了一个饱嗝后，心满意足地去洗了个"百草浴"，果真爽极了！

是夜，由远及近的灯火闪烁，小山村的宁静与节日的温馨融在一起，是那样安详，那样迷人。眺望一望无际的山峦，夜晚的小精灵们翩然而至，它们与星共舞，与月同乐，为这迷人的夜增添了几分情趣。

　　端午是糯香的粽子，端午是带劲的雄黄酒，端午是中华民族的龙舟，但在我的心中，端午是那散发着清甜的百草和浸润百草的蛋香。

　　"端午，端午，过端午。端午，端午，过端午。过呀么过端午……"

中　秋

施羽桐

一直以来，中秋在我心中的地位都是最高的。中秋之夜，飘着的都是甜糯的桂花香。如果你摘下一点儿桂花制成一个小香包，那它的香气会沾在你身上，使你身上带着好闻的桂花香，这桂花香使得中秋变得更加美妙了。

每逢中秋节，家家户户都团团圆圆地坐在院子里，或是站在窗前欣赏那有如白玉般的月亮。在外婆家的院子里，种了三四棵品种不一样的桂花树。月夜，桂花的香气萦绕着整个院子，那香味令人着迷。

外公是厦门人，所以过中秋当然是"厦门式"的中秋了。外婆会在家中做月饼，有豆沙馅儿、莲蓉馅儿等，还有桂花蜜馅儿！冰皮月饼，吃的就是冰，不冰反而不好吃呢！偶尔不做月饼，做一碗小小的汤圆，再滴上几滴桂花蜜，我吃得比谁都欢。

吃完饭，围坐在桌边，每家每户都充满欢笑与祥和，无比和谐又温暖人心。

到了晚上，摸黑摘桂花是个好玩的游戏。摘下的桂花并不扔，而是拿来做桂花蜜和桂花酒。第二年的时候，将桂花酒开封，扑鼻而来的便全是桂花香。不时有小孩偷抿一口，大人也不甚在意。桂花蜜最是抢手，回家时每人都要带上两大瓶，刚好可以吃到明年中秋。

中秋真好，我爱中秋的桂花和明月，我更爱中秋之夜！

家乡的小吃节

佚 杨

我的家乡——沙县，地处闽西北山区的沙溪下游，是福建省三明市的一个小县城。这座原本平凡的县城却因为县政府的大力倡导而开办的小吃节而变得不再平凡。每年的12月8日，热闹非凡的小吃节便徐徐拉开了帷幕。

每当到了12月8日，原本游人不多的小吃城便立刻火爆起来。小吃城完全按照古代的风格建造，在古色古香的街道上，仿佛能够依稀感觉到古时人们对小吃的热爱。每经过一家店，你便能感觉到那股小吃弥漫出来的香气，许多人禁不住香气的诱惑，便会不由自主地走进店内。一看到那放在油锅中炸得金灿灿的、冒着香气的金包银，与花生酱搅拌在一起的拌面，再加上一碗清汤，实在是太诱人了，便驻足停留，再也迈不开脚步了。

到了中午，小吃节的高峰期就来临了。人们从四面八方涌向小吃城，每个店铺内都坐满了人。人们尽情地享受着那美味的锅边糊，香气四溢的板鸭，烫嘴的豆腐，晶莹剔透的烧卖……此时的小吃城，俨然成了美食的天堂，笑语的海洋。形形色色的人三个一群，五个一伙，在小吃城里游弋，在小吃店内穿梭。面对各式各样的美味，很多人似乎无法做出选择，只好吃了一家再去吃另一家，全然不顾是否吃撑了肚子。出来时，人们咂着嘴，抚着肚子，一脸心满意足的样子，似乎还在回味着美味的小吃。这进进出出的人群，构成了小吃城里一道独特的风景线，引得其他人对这些美味的小吃充满了期待。

在小吃城里，美味的小吃总是主角。那色泽诱人的小吃，每一道都是一道独特的风景线：那透着酱色的板鸭，好似一团团熊熊燃起的火焰，让人看了就食欲大增；那金色里隐约透露出银色的金包银，在油锅中发出"哗啦哗啦"的声音，使人垂涎欲滴。那酥脆的口感，令人回味无穷；小巧玲珑的扁肉，在碗中轻轻地漂浮，如同水中自在的水母，让人心生怜爱之情；还有那拌面、泥鳅粉干……每一道小吃都是那么美味，那么诱人。每个顾客吃后的满意神情，或许就是对这小吃最好的评价。

在小吃节里，人们抛去了一切烦恼，尽情地品尝各种美食，且年年如此，这或许就是小吃节独特的魅力吧！如今"沙县小吃"已成为我们这个小县城的一张名片，过往的游客们若是到沙县来，千万莫错过那物美价廉、美味可口的小吃，因为那是沙县人民百年文化与智慧最好的积蕴与诠释！

过　年

黄佳琦

在记忆中，年永远是美好的。

小时候，就特爱过年。除夕，守岁那夜，唱着歌，兴奋得睡不着。站在阳台上，看漫天开的巨大礼花，绚丽的颜色，点燃了那漆黑的夜空，给年增添了不少色彩。

过了除夕，就是年了。大年初一，家家户户都是火红的灯笼、火红的对联、火红的香烛和鞭炮。满眼的红，仿佛已可以瞧见来年生活的红火。穿上崭新的衣服，满脸笑容，放响了第一串鞭炮，炮声似乎惊醒了每家的主人，鞭炮接二连三地响，久久不息。冲好甜开水，准备迎客。各路亲戚都前来拜年，孩子甜甜地说上一句："过年好，新年快乐。"就会得到除红包外另有的一大把美味的糖。所以，在过年时，除了有厚厚一叠压岁钱外，嘴像抹了蜜似的我总会被糖果塞满口袋，满足地不停嚼着，笑得比糖还甜。

家中的习惯与别家大有不同，因为爷爷和奶奶是南、北两方人，两方碰撞，倒生出了几个奇怪的习惯。家中，初一是最热闹的，所有人都会赶回来过年，一家人团团圆圆，这预示着一年都会团团圆圆。这天，全家人会一起包饺子。馅儿也不一般，不仅有猪肉、白菜，还有一点儿花菜，因为花菜有发财之意，吉利！奶奶还会事先准备六个洗净、消毒了的硬币，包进饺子里，谁吃到了，这一年都会有福。在所有人的手下，一个个玲珑可爱的饺子诞生了。胖胖的，白白的皮儿，看着都馋哪。

做好了所有的菜，一家人围坐在饭桌前，有说有笑，幸福在每个人脸上荡漾，喜庆也在升腾的热气里氤氲。

到了晚上，就是烟花的世界了，各种绚烂美丽的烟花冲上云霄，在空中盛开。那红的、黄的、绿的……各种烟花，像人们最美的笑脸，让我们大饱眼福。

现在科技发达了，人们有了电话、电脑，不必相见也能看见家人的脸，听见家人的声音，见面的机会少了。而过年，是团聚的好机会，不管怎么样，都是会回家的。

过了初六，年的味道有些淡了。静静地醉在年里，年，也随之深深烙进脑海。

过年，真好！

阳光是你，是我

我爱白开水

杨 滢

我不爱茶，因为它太浓郁。我也不爱咖啡，因为它太苦涩。我独爱那淡淡的白开水，因为它可于无味处品出滋味。

喝茶的时候，得营造出几份淡雅娴静，才配得上清茶的袅袅香气；喝咖啡的时候，最好身处于街市中心的咖啡屋，来一份西式点心，听一点儿摇滚音乐，方才有一种现代味儿。可我不行，我没有上好的茶具和茶叶，也不会煮咖啡。于是，我爱白开水。

无须多讲究，玻璃杯可以，纸杯也行。放在手里，看见杯底的手印，清纯得可爱，不由得想起那是一串叮咚作响的山泉。喝一口，没味儿吧，不过，心里颇有久旱逢雨之感，滋润得很，舒适得很。

因为茶和咖啡是细品的，你不会捧着精致的茶具，往嘴里猛灌一杯又浓又苦的茶，你更不会让胃中填满又甜又苦的咖啡，只要不是"夜猫子"，你只有一口一口细细品尝，才不会辱没它们的"风度"。

而白开水不同，它的本性，预示它不可能盛在白瓷茶盏或是绘着印象画幅的杯子里。它或许被装在一只军用水壶里，赶走了小战士满身的疲惫；它或许被装在一只塑料杯中，驱除了站在火炉旁工人的火气；它或许装在一只普通粗糙的搪瓷缸中，给正午骄阳下的农民注入了新的活力。

它也许很委屈，哀叹生不逢时，被一只手捧着，被不知品味的人猛喝一气。不，不会，它一定很荣幸。因为，它是如此平易近人，如此让人欢欣。它所靠近的是那些劳作之后，急需水来补充，而将它看得十分珍贵的人。他们解了渴，会大声赞叹白开水的美味，而不是茶楼或咖啡馆里流出的那些幽怨。

我爱白开水，因为它不张扬，不做作，无色无味却能滋润心田。

我心中的秘密

琦 琦

在我的心里，有一个秘密，这是我和爸爸的秘密，它在我心里藏了一年多了，今天，我要把它说出来。

就在一年前，记得那天是我爸妈的结婚十周年纪念日，老爸想给老妈一个惊喜，却怎么也想不到该送老妈什么。戒指？俗气。珍珠？太贵。胸针？老妈派不上用场呀！老爸绞尽脑汁想出来的一个个礼物都被我一个个地"拒之门外"。老爸想得头都快爆炸了，还没想出来。于是，他嘴巴像抹了蜜似的，低声下气地对我说："好女儿，乖女儿，帮爸爸想想嘛！想出来爸爸要好好犒劳你一下。""嗯，这个嘛，我得考虑考虑。"我托着下巴，假装在思考。其实就是试试老爸是否心诚。可没过多久，我就禁不住老爸"糖衣大炮弹"的猛打，终于败下阵来，答应了老爸。

我脑瓜转了转想：老妈不是喜欢花吗？那就送花儿。

　　于是，我问老爸怎么样。老爸说："那怎么行，花会凋谢，不象征永远！"

　　"那就送项链！"我跳起来说。老爸这才满意地说："对呀！当年我和你妈结婚时，我送她一条金项链，她激动得睡不着觉。可是后来，那条项链被小偷偷走了。我怎么没想到呢，还是我的女儿有妙招。"老爸边说边朝我竖大拇指。

　　说到做到，老爸说完拉着我上了车，说是要买一条和当年一模一样的项链给妈妈。于是老爸就带着我看了一家又一家金行。终于，"皇天不负有心人"，我和老爸找到了那条项链，老爸看都没看价格就包了起来。

　　当晚上，老爸把项链送给老妈时，老妈激动得热泪盈眶，她问我们怎么把项链找到的，我们一脸得意地说："保密！"因此，那天晚上老妈炒了很多好菜给我们吃。

　　至今老妈还不明白这是怎么回事，也不知情，而我一定会把这个"我和老爸买项链"的秘密一直埋藏在心中，因为那条项链包含着爸爸和我对妈妈深深的爱。

自　由

罗　悦

　　我是一只蝴蝶，一只经历过生死、懂得生活的蝴蝶。自从那件事过后，我就把人类生活的地方视为"禁地"。因为那里太可怕了。我在那里还差点儿丧命了，事情是这样的——

　　那天，我破茧而出，就看到了在阳光下活蹦乱跳的孩子们。他们一个个都笑得那么灿烂，玩得那么开心。我也想加入他们中间去，可惜我的翅膀还没干。

　　经过漫长的等待，我终于可以飞了。我飞到一朵花上，品尝着花中香甜的汁液，喝了一朵又一朵，直到实在喝不下了才肯罢休。由于我实在太饱了，又很困，于是我在花香弥漫的花丛中与周公聊天去了。

　　聊得正欢时，我根本没意识到危险的来临。直到一个男生把我捉进一个盒子里时，我才感觉大事不妙。面对这突如其来的变故，我惊慌失措，拼命地扇动着翅膀。可是翅膀被夹住了，动弹不得，我只好认命了。

在这个盒子里，只有我一只蝴蝶，我感到十分寂寞。一整日我都惶恐不安，我郁闷得简直想要自尽了。但我想到我还没享受到生命的快乐，又十分不甘。我只好祈祷自己能在生命的最后一天享受到快乐。但当我又想到谁也不会在意我时，便心灰冷意，心里像死灰一样沉寂。

在这盒子里的第三天，那粗心的男孩儿一不小心把盒子掉到了地上，盖子被打开了。我的心似乎看到了自由的光，我竭尽全力，拼命地扇动翅膀，努力地向空中飞去，冲出窗外，飞向湛蓝的天空！

我飞到一片无边无际的花海，在花中捉迷藏，与同伴玩耍，在花海中无忧无虑地飞舞……

原来，所谓的自由就是阳光下无拘无束地飞翔，自由自在地生活！

家乡的画卷

杨瑞霞

　　我的家乡在一个小山村，在我的眼里它就像一幅幅美丽的画卷。你若不信，就随我一起去看看吧！

　　天是瓦蓝明朗的天，云是轻逸舒缓的云。丘陵的山地中，放眼望去，只见一片翠绿，像是给大地盖上一床绿毯子。两行葱茏的绿树间，一条蜿蜒曲折的羊肠小道伸展到远方。这是一幅令人舒心的画卷！

　　走着，看着，不知不觉中，一方池塘挡住去路。"半亩方塘一鉴开，天光云影共徘徊。"用这两句诗形容眼前的景物再合适不过了。真的，你看那清亮的水面，像闪动的银缎；浅浅的云影，是俏丽的花纹。周围的树木，高的，矮的，傲然挺立的，携手丛生的，都把碧绿的身影映入水中。一阵风吹过，平静的池水上散出了大大小小的水纹，大水纹套着小水纹，一圈又一圈地扩散着。安静地躺在水面上的几片荷叶，也随着水波浮动起来了。整个池塘就像一方碧玉，润滑如脂，似伸手就可捧入怀中。青蛙"呱呱"地叫着，更增添了这里的幽静。这是一幅生动的画卷！

池塘的一角，有一根细细的垂杆。万绿丛中，一位老人悠然而坐。他眯着眼睛盯着钓漂，神情平静安详。与其说他在耐心等待，倒不如说他在欣赏美景——没有幸福的生活，哪能有这样的闲情逸致？这是令人向往的画卷！

陶渊明幻想的"黄发垂髫，并怡然自乐"的桃花源，不知使多少人心向往之。这里，就闪出了一幅——绿草茸茸的水沟边，野花朵朵。红的，黄的，白的，紫的，全都仰起小巧的脸儿，跟低飞的蝴蝶逗趣。三五个小孩子，围成一圈儿，无拘无束地伸着泥脚丫，一起捏泥巴。看他们那一本正经的样子，是在塑造什么美好的愿望吧？一只小狗儿，温顺地卧在一旁。盯着翩翩起舞的蝴蝶。"你瞧，我捏了个大火车。""我做了个蟠桃儿。""我的火车拉你的桃儿，呜！"一阵天真的笑声飞扬开来。这是一幅令人沉醉的画卷！

笑声还没有消失，就在拂面的和风中，我来到了河畔。这河不算宽，河岸上是一片绿油油的水草。离水较远的草丛里，几只鸡在寻食。这里，果树葱郁，密得像两道绿墙。偶尔有一角屋檐探出，檐下挂着几串火红的辣椒，那屋里一定住着位生活充实的人。这是一幅恬静自如的画卷!

过了桥,有几所房子掩映在树丛中。其中一家是饭店,顾客盈门,谈笑声不绝,缕缕菜香从门缝里挤出,飘散在空中。我屏住了呼吸,无奈路旁摆着的水果又勾住了我的视线。摸摸口袋,唉,还是空着肚子潇洒而过吧。这是一幅充满农家味的画卷!

从小河岸边林中饭店跑出没多久,我面前便展现出一幅"丰收在望图"。无边的田野,麦穗透出微微的黄色,像是熔了金子在里边似的。风一吹,此起彼伏。麦田中,行行梧桐树,像守卫四方的士兵,阵容可观。有几辆驴车从我身旁经过。"快到芒种了,马上就动镰啦!""是啊,我的麦子可真喜人……"这是一幅丰收的画卷!

与他们擦肩而过,我仍旧陶醉在风景中。我记起了茅盾在《风景谈》中的一句话:"自然是伟大的,而人类更伟大。"的确,假如撇开这庄稼,树木,房屋,仅是一些单调的无边无际的黄土,那还有什么可观呢?而劳动,正是使大自然改观的"大手笔",一切幸福都是劳动创造的。

家乡的画卷远不止这些。如果有机会,欢迎您来到我所居住的小山村,亲自来欣赏那一幅幅多姿多彩的画卷吧!

外婆家的后山

林艺霞

　　我的外婆住在一个小山村里，我早想把外婆接到城里来住，可外婆死活不答应。直到去年我去外婆家玩时，我才知道，外婆不是不想和我回到城里住，而是她舍不得她那久居的房子，舍不得那四季带绿、果实累累的田野，舍不得那清澈见底的小溪，更舍不得她家后山的一草一木。

　　外婆家既不大也不漂亮，可她住久了，就会日久生情。那果实累累的田野远远望去就如同一块翡翠，静静地躺在田间。小溪从幽深的后山林中流出，伴着小鸟娇嫩的歌声，形成一幅美丽的风景画。有了这奇山秀水，你说外婆能舍得离开这里吗？

　　如你来到这里，定会跟着小鸟的歌声走进后山林中。幽深的山林里，花草树木比比皆是。阳光射进来，把一片片树叶照得如同碧玉，小鸟的影子就在这中间隐约闪动，看不完整，却看见它们可爱的小嘴从中露出来。有时天会下雨，雨还很大，但你不用急，在这里，有一把把"小绿伞"在保护你，从"绿伞"里滴落下来的小雨点会被花儿们接住。即使你被淋着了，一定也不会恼，因为雨中的风景格外的别致，别有一番情趣。

山林的深处是一口泉水，那便是溪水的源头。泉水洁白如玉，十分清爽。在清澈见底，纤尘不染的泉水中，布满了大大小小的鹅卵石。这些石头经泉水的冲刷，渐渐变成了圆溜溜的鹅卵石，五颜六色，十分美丽。

这美丽的后山小山林是外婆的好伙伴，外婆离不开它们啊！

小　园

朱倩洁

　　我老家的东南边有一长方形的小园，里面种着各种蔬菜、花草，这里一年四季都是美的。

　　春天到了，大地披上了一条绿毯子。园里一片绿油油。一群小鸟停在树枝上，叽叽喳喳地叫个不停，好像唱着春天的赞歌。顿时，静静的小园热闹起来，花儿争奇斗艳地开着，美极了。

　　夏天，成行的向日葵长得很茁壮，绽开着朵朵金黄色的花，迎着朝阳怒放。火红的石榴开得十分茂盛，散发出阵阵芳香，引来了一群群美丽的蝴蝶和辛勤的蜜蜂，它们翩翩起舞，纵情欢唱。一排排玉米威武地挺立着，结出硕大的玉米棒子。地里的茄子紫了，西红柿红了，顶花带刺的黄瓜挂满了架。望着丰硕的果实，我感到了小园的可爱。

秋天，喇叭花开了，在绿叶丛中伸出一支支粉红色的小喇叭，正为小蜜蜂吹奏着动听的歌。石榴树上的石榴成熟了，红色的果皮裂开了，露出珍珠般的颗粒，好像咧嘴傻笑欢迎我们的到来，可爱极了，看得我直流口水。这一切怎能不叫人喜爱呢?

冬天，一场大雪过后，园里的石榴披上了白雪，残秧披上了白纱，地上也盖上了厚厚的"棉被"，整个小园成了银装素裹的白色世界。一棵棵小树好像穿上了白色的衣裳，成了一位位"白马王子"了。面对这雪白的景色，我情不自禁地赞叹道："好美的小园啊!"

如此生机勃勃的小园，就好像一幅幅美丽的画卷。身在其中，好像身临仙界，真是令人心旷神怡。我爱家乡，更爱家乡的小园!

诚　信

诚　信

琦　儿

诚信是一种高尚的品质。有时，诚信就像一盏明灯，永远照亮人们的心房。前不久发生的一件小事，让我感觉到这种品质的存在。

那是几天前的一个早晨。

那天，紫淳带了一本新书来上课，书的名字叫《淘气包马小跳与芭蕾公主》。"天哪！这不是我苦苦搜寻而没有找到的书吗？"我在心中暗暗叫道。可是，昨天我刚和紫淳吵了一架，她还发誓再也不理我，我也一气之下说再也不理她。可是那本书是我做梦都想得到的。我好不容易鼓起勇气，慢吞吞地走到紫淳面前，轻声问道："紫淳，你可以把那本书借给我吗？"说着，我用渴望的眼神盯着紫淳，还指着她手中的那本书。"好呀！"紫淳爽快地答应了。"太好了！"我高兴地欢呼起来，跳起了我自编自创的舞蹈。我忽然感到一阵尿急，便对紫潆说："我去上个厕所，你这本答应借我了，不许反悔哦。"紫潆笑了笑，对我说："放心，你一回来马上给你！"我冲进厕所，一会儿就回到教室，站在门口，我往紫潆那儿一瞧：天！紫潆的"好姐妹"佳雯正用水灵灵的大眼睛望着她，手里还拎着书的一角，摇啊摇。我走近紫潆的座位，悄无声息地坐在椅子上，想看看她们在干什么。原来佳雯也在向紫潆借这本书，只见她轻轻摇着紫潆的手臂，用大眼睛看着紫潆，用甜甜的声音对紫潆说："阿潆，你先借我吧，好不好？"天，我完了。紫潆和佳雯是很好很好的朋友，她一定会借给佳雯。我在心中念叨着。我想，紫潆一定不会记得对我的承诺，会毫不犹豫地把书借给佳雯。想到这，我便耷拉着脑袋，准备去找好友澜。可我还没起身，就听见了佳雯的惊呼声："为什么？"我有些好奇，想听听紫潆和佳雯说了些什么。这时，紫潆很平静地说："这本书我已经借给佳琦了，她一会儿就来拿。"佳雯着急起来，都快哭了，站起来拼命跳，还一直喊："不嘛！不嘛！先借我嘛！我们最好了，不要拒绝我嘛！"看到这儿，我都心软了，心想："算了，让给佳雯吧，我现在不着急了。"我轻声嘀咕，倒心疼起佳雯来。可紫潆的脸色严肃起来，一板一眼地说道："不可以，我已经答应借给佳琦看了。"佳雯见这招无效，就使起了"糖衣炮弹"。她把头靠在紫潆怀里，轻声说："我把全套《笑猫日记》

借给你，你借我《马小跳》好不好？"现在，紫淳倒急起来，边乱跳边大叫道："不可以，不可以，坚决不可以。既然我答应了佳琦，就坚决不能反悔，否则，以后就没有人会相信我，大家会讨厌我，也会讨厌你，知道吗？"我一抬头看了看佳雯，她一脸茫然，似懂非懂点点头，又摇摇头，叹了口气，走了。我慢慢走到紫淳面前，望着她。她一下子笑了起来，拿起书，递给了我，还甜甜地对我说："这本书，我帮你留着了。"我接过了书，抱在怀里。她见我收起书，很开心地笑了，笑得那么甜。

她一定不知道，我看见了她拒绝佳雯的那一幕。我认真地看着她，发现原来紫淳是那么的可爱……

现在，我明白了：诚信是一种珍贵的品质。是紫淳让我明白了这一点，我要向紫淳学习，让自己成为一个诚实守信的人。

这也是课堂

紫　彤

　　生活处处都是课堂，有鸟妈妈保护孩子的母爱课堂，有蚂蚁帮助同伴过水洼的友情课堂，还有毛毛虫变蝴蝶的生物课堂……这个周末，我在一个水果摊上亲眼见到了善良与丑恶交织的课堂。

　　雨后的天气总能让人心情大好，空气清澈得如水洗过似的。我一边哼着歌，一边往书店方向走去。这时，我看到一个水果摊前围着许多人，好不热闹。走近一看，是一个妇女在卖杨梅。我尝了尝，酸酸甜甜，好吃极了。于是，我当即掏出钱准备买一点儿。正当我要开口时，突然看见一个牵着个五六岁小女孩儿的阿姨从包里拿出了个塑料袋，以迅雷不及掩耳之势往袋子里装，装完了牵着小女孩儿准备走人。我正想提醒她还没付钱，她身边的小女孩儿先开口了："妈妈，您还没付钱呢！"

那个阿姨脸一黑："瞎说什么呢，妈妈早就付过了。走！"她攥紧女儿的手加快速度往前走。可小女孩儿一把挣脱开妈妈的手，大声嚷道："妈妈，你真的没付钱！"

这一嚷，引得卖杨梅和来买杨梅的人都扭过头来看。那个阿姨脸红了，一边掏钱一边嘟囔着："唉，这孩子，怎么这么多嘴。"

阿姨往卖杨梅的手里塞了一把钱后，拉着女儿的手扬长而去。我看了看卖杨梅的妇女，她低低地说："唉，这孩子，回去肯定少不了挨妈妈的一顿骂……"

回想那个小女孩儿，她的眼睛里满是真诚，仿佛一眼可以看到底。在妈妈付了钱后，她没有后悔，而是心满意足地昂着头走了。这么真诚的小女孩儿，怎么会有一个如此丑恶的妈妈呢？

这一堂生动的课，让我悟出了一个道理：做人做人，就是要做真实的人，不要做一个表里不一的人。

精彩的辩论会

黄佳忠

"丁零零"上课铃响了。我们班的同学早已跑回教室，静静等待范老师的到来。只见范老师浅笑吟吟走进教室，站在讲台边，挑出正反两方的辩手，清清嗓子："关于科技发展利大于弊还是弊大于利的辩论会，现在开始。请双方派出代表陈述观点。"

范老师话音刚落，一诺迫不及待站起："我是正方代表一诺。我方的观点是科技发展利大于弊。我举个例子：比如卫星。如果没有各种卫星，你就无法知道许多消息。就拿与人们生活息息相关的天气来说吧，如果没有气象卫星的话，我们就无法准确预测天气如何，会给人们的生活带来麻烦。""一诺的事例非常有说服力。"范老师赞许地笑着。正方的组员应声响起了热烈的掌声，给台上的辩手们信心，我方辩友们个个扬起了头，挺直了腰杆。

反方辩友涵奇立刻像安了弹簧似的跳起来："我是反方代表涵奇，我方的观点是科技发展弊大于利。像汽车的尾气排放、电脑对学生的危害等等，都足以证明科技发展弊大于利。""对，没错！"反方组员鼎力支持涵奇，用力鼓掌。涵奇刚坐下，反方辩友顺涛立刻蹦了起来，扬扬眉毛，说道："对，就像网络游戏，许多学生沉迷网络游戏，上了瘾，荒废了学业，有的甚至还走上了犯罪的道路，这不都是因为科技的发展吗？""没错，太有道理了！"反方辩友泽阳格外激动，差点儿没站起来，同学们跟着响应。我方清扬轻松一笑，站起来，看着顺涛："你不是也玩网络游戏吗？"罗清扬缓缓坐下。我方组员为清扬响起了雷鸣般的掌声，平义激动得还拍了两下桌子，"在场的辩手，哪个没玩网络游戏？！"正当我暗自窃喜，我高兴着，顺涛解释道："我又没有到上瘾的程度！"清扬得意地扬起嘴角："那这是我们本身的问题，而跟科技发展本身无关！""师傅，加油！"平义向清扬叫着，我方组员都鼓起了掌，个个得意地看着反方组员。这"满堂彩"驳得反方辩友哑口无言，我们脸上都出现了绚丽的彩虹。

这时候，范老师笑着对我们说："双方的辩论都非常精彩，下面请双方派代表做总结陈述。"反方代表涵奇口齿伶俐，抖抖了资料，说："科技发展弊大于利，许多科技都是人类在弥补过错。我方坚持认为：科技发展弊大于利！"清扬看见了涵奇手中的资料，脱口而出："你的资料不也是通过科技来的吗？"连老师听了都鼓起掌来。澍澍拍拍清扬的肩膀，激动地说："我们赢定了！"

"丁零零！"下课铃响了。范老师总结道："这次的辩论会，大家都表现得不错，正方略胜一筹。我宣布，正方获胜。下课！""耶！"我方组员异口同声欢呼起来。

下课了，同学们仍在讨论着辩论会的主题，意犹未尽。这真是一场精彩的辩论会！

忘不了的笑声

张雅惠

记忆像一个装满五彩豆的盒子，里面的每一粒五彩豆，都满载着我美好的回忆。其中那粒最大的五彩豆，便是我记忆中同学们的笑声了。

"嘿嘿嘿。"这是我们班班长煊的笑声。他总是一边捂着嘴，一边将五官笑得扭曲起来。他那滑稽的笑姿，惹得许多原本不想笑的同学也跟着笑了起来。要是你见到了他那笑的样子，也保证会笑的。

只要一听到"哼哼"两声弱弱的笑声，就知道一定是有趣的事情发生了，因为这是黄欣的笑声。她笑得很文雅，嘴角一抿，露出一个小酒窝，发出很小声的"哼哼"。她平时不怎么爱笑，只有那非常好笑的事情才会让她露出微笑。所以，只要听见她的笑声，就肯定是有什么有趣的事情发生了。这不，原来是我们班的"调皮鬼"超在给大家讲笑话呢。许多同学听了他讲的笑话后，都情不自禁地笑了起来。其中，笑得最大声的不容置疑当数铖了。

铖的笑是我们班最有感染力的。他一笑起来，两只手便会不停地拍打着双腿，嘴巴张得大大的，"哈哈哈"地笑得前仰后合，根本就停不来。有一次在英语课上，同学拼错了一个单词，将"football"(足球)写成了"foodball"(食物球)，铖听到后，居然在课上大声笑了起来。一听到他那极有感染力的笑声，他周围的同学也接二连三地笑了起来。英语老师幽默地说："铖同学，你说这大晴天哪来的打雷声啊？"于是，全班同学都笑了起来。

细细品味那粒色彩斑斓的"五彩豆"，我耳边仿佛又听到了获得空竹比赛第二名时大家的欢笑；运动会上，同学们获奖时快乐的笑声和得到"尚品班级"称号时团结的笑声。

那快乐、喜悦、团结的笑声是属于我们六（4）班同学们的。它带着我美好的回忆，将化作一粒五彩豆，永远珍藏在我记忆的宝箱里。

最后的运动会，我没有留下任何遗憾

形 菲

转眼间，我已经六年级了。回忆起小学五年的点点滴滴，我不禁思潮起伏。最后一年了，我们也迎来了小学中的最后一场运动会。

选报项目时，我犹豫了好久，最终选报了50米和400米。

头一天晚上，我躺在床上辗转反侧。如果我的计划没有出错，且没有意外发生的话，我报的两个项目应该会得第四名。

第二天早上来到班级，当《运动员进行曲》奏响时，我的心怦怦地狂跳起来。随着队伍向前移动，我来到了操场。50米是早上八点半的，现在要先去快乐书吧门口检录。

我来到快乐书吧门口，那群高手们还真是气质不凡啊。一个个嘻嘻哈哈的，好像无所谓似的。我不禁羡慕起她们来，有什么好紧张的呢？努力了就好！

"6407，彤菲。"我努力控制着有些颤抖的双腿，站到了第一组后面。随着一声枪响，三个女生同时冲了出去。可是，为什么我看到那个本应得第一的女生，突然摔倒在地上呢？我以为我眼睛花了，揉揉眼睛，再看一遍，没错，她摔倒了。两秒之后，她飞快地站起来，全力往前冲去。

"这次她拿不到名次了。"我身旁的一个女生说。我不禁为她感到难过起来。小学生涯中的最后一场运动会，她却因为一次失误而没拿到本应属于自己的第一名。我更得加油了，争取拿到第三！我鼓起精神来，脚踏在起跑线后面。

50米场地外面围了好多人，嘈杂的声音此起彼伏。我的大脑一片空白，手心里汗水直冒。我利用这开跑前的几秒钟，狠狠地压了压腿，顿时感到一片轻松。

当发令员的枪指向靶子时，我的双手紧握成拳，右手往前伸，左手别在腰间。我突然感到有一种疲惫之感笼罩着我，把我往下压，往下压……

"各就各位——"我赶紧停止这胡思乱想，双眼直勾勾地盯着前方那一眼望不到头的人群。

"砰！" 随着一声枪响，我没有丝毫犹豫，冲了出去。风一直灌进我的眼睛里，我看到在赛场上只有我一个人在奔跑，左右两边都没有人。我心中一阵暗喜，快了，快了，快到终点了。那条红绸子在我眼前不断放大，最终腹部闪过一阵冰凉，过了，耶！

跑完50米，我绽放出笑容，一点儿也没有觉得累，反而觉得浑身轻松，好像完成了一件伟大的盛举一样。我跌跌撞撞地来到裁判员的桌子旁边，一看我的成绩：7秒91！

当时的心情简直无法形容，比欣喜若狂还激动一百倍！我做到了！我突破了！

小学阶段的最后一场运动会，我没有留下任何遗憾。等长大了，找出比赛的视频，我也许会露出会心的微笑："原来这就是我小学时的最后一场运动会，看，那是我！"

最后十分钟

阿　豪

　　教室里一片寂静，只有笔尖在试卷上沙沙沙地飞奔着。突然，老师的一声提醒划过整个教室：还有十分钟收卷。

　　什么？我不由得打了个寒战，全身的汗毛都竖立起来。天哪！眼前的一切，我都不知该怎么去应对，我还有两道应用题、三道计算题，共五题没做！我的天啦！怎么搞的？前面的答题明明是抓紧时间了呀！我瞅了瞅旁边，大多数的同学似乎把题目都做完了，一个个正悠闲自得，稳如泰山。我神经质地把卷子翻了又翻，手不停地抖着，脑海里一片混乱，仿佛世界末日降临了一般，手心全是汗，额头上也渗出了细细的汗珠。我的眼睛紧盯着题目，飞快地扫了过去，一遍，两遍，三遍，还是不知所以然。这时，周围的空气仿佛凝固了似的。我那只不听使唤的右手颤颤巍巍地在草稿本上写着，算着。现在的我多么想有一台电脑在眼前啊！"呼——"终于做出来了，我下意识地看了看同桌的手表，天哪！还有五分钟。

继续做！最后一道题："商店运来……"我的大脑在飞速地运转，手在飞速地比画，嘴在不停地读题，脑子里除了题目，还是题目。"快抓紧时间，离交卷还有两分钟！"老师又催了。

"不好，我要上厕所！这该死的肚子怎么现在疼了？"我又看了一眼同桌的手表，还有一分钟！哎！不管了，只能憋一会儿了。我近乎疯狂地奋斗着，要用最后的一分钟夺回属于我的分数。终于在最后时刻，我做完了最后一道计算题！好险！刚才还近乎疯狂的我，现在像散了架似的瘫坐在座位上，奇怪的是肚子也不疼了，根本就没有要如厕的意思。我呆呆地望着同学们对答案的身影，也不知是一股什么力量驱使着我，突然站起来："我也对对去！"我挤进了人群。"喂！计算题怎么做的？""九分之一、十二分之五、十五分之三十二……""耶，全对！""应用题呢？""200本、350页、180枚、130枚……""哇！太棒了！又全对！"

我高兴得一蹦三尺高，在心里大声喊道："我——赢——了！"

想想考场上的最后十分钟，真是各种煎熬啊！庆幸的是，我集中精力，全力以赴，换来了这来之不易的成绩，真是不容易呀！

永恒的母爱

章　洁

母爱，世上无数人都在歌颂的伟大情感，有人说："女人是弱小的，母亲是伟大的。"母爱使一切奇迹变得理所应当，或者说，母爱，本来就是一个动人的奇迹。

几年前，每个早晨，我都把脏衣服扔在床头，就不闻不问了，没几天，衣服堆得像一座小山的似的。等放学回来，衣服就全被洗干净，是谁帮我洗的，我一直都不在乎，认为别人帮我洗就是应该的。有时，我还指手画脚地批评，这个衣服不干净，那个衣服皱巴巴……我一看见不干净的衣服就不高兴，越是干净的衣服，我就越喜欢"在鸡蛋里挑骨头"，然后胡乱抱怨一阵。

不过在三年级的一天里，妈妈突然宣布，要教我洗衣服，以后我的衣服要我自己去洗了，我十分不高兴，认为洗衣服是妈妈应该做的，为什么叫我洗？我极不情愿地看妈妈洗衣服，只见她用手把衣服这儿搓搓那儿揉揉，看上去十分简单，没看一会儿就不耐烦地说："知道了，知道了。"说完，我便跑回房间玩去了。

第二天大清早，妈妈就叫我起来洗衣服了，我慢吞吞地爬起来，一脸无奈地走到盆边，像妈妈一样洗起来，谁知我刚把手放进水里，就被冰冷的水冰得缩了回来，脑子瞬间被冻醒了。在这大冬天里还用冰冷的水去洗衣服，这是多么难受啊！我洗了一小会儿，实在受不了了，便看着妈妈，希望妈妈来帮帮我，可是这时妈妈的脸上没有一丝表情，一直站在一旁看着我洗衣服。不来帮我，我心里十分难过。虽然知道了妈妈的不容易，但我心里十分伤心、气愤，十分潦草地洗了一下便当是洗好了，把衣服往桶里一扔气冲冲地走了。我一天都十分难过，几乎没有和她说话，妈妈看上去也是十分失落，也有点儿过意不去。不过我十分奇怪，我每次洗衣服，都是乱洗一阵，洗好时衣服上也有许多不干净的地方，但晒干的衣服则十分干净，这让我百思不得其解。

有一天早上，我洗完衣服，吃完饭，便匆匆忙忙地上学去，可是刚下楼发现书包带错了，便又跑上楼回去换书包，我打开门，却惊讶地发现妈妈在倒水洗衣服，她洗的就是我潦草洗过的衣服。她冷得直哆嗦，手却在寒冷刺骨的水里反复地搓洗，手指冻得发红，我们母子对望着，都怔住了。过了一会儿，妈妈才开口说，为了鼓励我去做家务，就偷偷地帮我洗了一次又一次。那一刻我全明白了，明白了衣服为什么如此干净。同时，我还发现了一种东西，这就是爱，这种爱让这寒冷的冬天变得十分温暖，从此我不再去抱怨家长太严厉了，也不去抱怨父母不好，因为我明白了父母的爱就在身边。

我们在抱怨父母太严厉时，可曾想过他们是为我们好，爱是无形的，我们在被爱中成长，别抱怨了，爱就在我们身边。

妈 妈 的 谎

庄绍涵

母爱，是一首诗，随时陶冶着我们；母爱，是一幅画，随时影响着我们；母爱，是一首歌，随时激励着我们。

今天中午，妈妈给我炖了我最喜欢吃的咖喱土豆，看着那一锅香喷喷的土豆，我早已垂涎三尺，便飞速拿出饭碗，舀上一勺就吃。再看妈妈，她还在吃昨天的剩菜，"妈，您不吃些土豆吗？"我舀了一勺咖喱土豆，"不吃不吃，你吃。"但我还是把土豆"硬塞"到了她的嘴巴里。

"哦，好吃。我吃过了，挺饱的，你和弟弟多吃点。"妈妈说。你看，妈妈撒谎了。

一天深夜，妈妈正在洗衣服，她累得肩膀酸痛，头上落下几颗豆大的汗珠。"妈，你不困吗？"我睁着蒙眬的眼睛问妈妈。

"儿子，你睡吧，时间还早，我睡不着。"妈妈又撒谎了。

一次，妈妈买来几个橘子，要给我补充营养。我马上拿了一个，剥开皮，尝了尝。啊！真好吃，好甜啊！我又看着妈妈，她却一个也不拿。我说："妈，吃个吧！可好吃了！"

"这个东西太酸了，不合我口味，你吃。"妈妈回答。你看，她再次说谎了。

妈妈撒谎是为了什么？是为了我们这些孩子。

妈妈的唠叨

陈紫玥

我的妈妈长得不高，也不热爱运动，却有一个爱唠叨的习惯。

"玥玥，手机带了吗？""带了！""月票呢？""也带了！""水带了吗？""带了，带了，整天唠叨，烦死人了！""还敢说，如果你乖我会唠叨吗？还不是你……"这不，在我去上课前，妈妈又是一阵唠叨，害得我差点儿迟到。回家后，妈妈的话匣子又打开了："衣服洗了吗？什么事情都要我操心，我说多了，你嫌我唠叨，我不说你会做什么？"我听了，嘟囔了一句："烦死人了！"转身去洗衣服，妈妈又说开了："你看看你的房间，乱得跟什么一样啊！别人小姑娘的房间，哪个不是清清楚楚，哪个不是整整齐齐的啊！"待我洗完衣服到房间一看，这哪会乱啊！哼，妈妈真讨厌！

上个星期，我做完作业，就去问妈妈："妈妈，我能玩会儿电脑吗？"妈妈一听，又开始说了："整天就知道玩电脑，玩玩玩，就不想着去写写作文？不想着练练长笛，没多久就要考级了，也不去练，看你怎么考！"我只好低着头极不情愿地去练长笛，心想："唠叨也要有个度啊！"

但是有一天晚上，爸爸妈妈都出去吃饭了，妈妈临走前，特意为我烧好了饭，又交代道："可以出去玩，可以玩电脑，但要早点儿吃饭，不能玩太久……"我"嗯"着，心中有些不满："要出去了还这么唠叨，真是的！"等妈妈走后，我吃了饭，玩起了电脑，可是心里总觉得缺少了些什么，看看家里，异常安静，我才感到少了妈妈的唠叨。原来，每一个温馨的时刻，都要拥有妈妈那"烦人"的唠叨呀！

哦，我爱妈妈，我也爱听妈妈的唠叨！

给妈妈的一封信

林　昕

亲爱的妈妈：

您好！

感谢您把我带到这个世界，妈妈，是您让我有了生命，在这数世同堂、生生不息的大家族里生存。

妈妈，您对我的好，使我终生难忘！我从小就爱生病，体质也很差，看上去一点儿精神也没有，五六岁时，我生了一场大病，病的名字叫"厌食症"。

那天，我出去玩回到家，您叫我吃饭，我马上就过去。可当我要吃时，心里不禁涌起一股厌恶，我就说："我不想吃！""不吃饭怎么行？"您还在劝我。可我不听，还跑去看电视。您看我这样不听话，生气地说："你本来就体质差，容易生病，不吃饭不是更容易得病吗？"说着把碗塞到了我的手里。可我还是不想吃。爸爸也对我说："谁叫你吃那么多的零食，还不赶快吃了！"我一听你们两个都要求我吃，我只好吃了一点儿。第二天妈妈您买了许多我平时爱吃的食品。可我一看到这些食物，还是一点儿胃口都没有，还产生了一股厌恶感。妈妈您见我与往常不同，急得像热锅上的蚂蚁。过了一会儿，您走上前来，用手摸了摸我的额头，突然惊叫了一声："你发烧了，头这么烫！"说完，您马上放下手中的活儿，背着我向医院跑去。当您气喘吁吁地带我来到医院时，顾不上休息，忙着给我请医生看病，抓药。一回到家，又接着给我喂药，直到我迷迷糊糊睡着了，您才松了一口气。

妈妈，您对我的付出，我是永远也不会忘记的。如果我曾经惹您生气，请您不要在意，那只是我一时的孩子气。

妈妈您辛苦了，我一定不辜负您的希望，好好学习，长大后报答您的养育之恩！

祝您身体健康！

您的女儿：林昕

2016年5月18日

我家那条珊溪河

罗羽铭

我的家乡在浙江温州的一条街里，门前有一条珊溪河。

那是我过年时不可缺少的伙伴；那是一条深度只有几十厘米的小河。

以前，不管什么时候回到老家，我都会和表姐一起到那条小河里玩水，抓小鱼，捡石头，用小竹子在沙滩上写字，在过年时，我们几个小孩子还会在那儿放烟花。

这条小河给我的第一印象就是自然、美丽。连那里的石头也好像是一块块精心雕刻出来的，水也是清澈得像面镜子。河岸两旁的树木，每天也在为自己梳妆打扮。总之，一看到这条河，就能给人一种自然、神清气爽的感觉。

可是，就在前两年，那条伴我成长、美丽又可爱的小河消失了，我的眼前：小河的水位上升了，看不见石头了，所有的垃圾都抛向河里；小河变得面黄肌瘦，没有以前那么精神了。虽然河面上搭起了一条条白色木石，摆成一座小桥；虽然以前的石头路被建成了楼梯式；虽然有了两岸散步的小路；虽然有了七彩灯要为我们点亮前方的路——但我走在这条河上，感觉是那么的不真实，那么的不自然……

以前那活泼开朗的小河呢？伴我成长给我快乐的小河呢？那条可以让我捡起一块块美丽石头的小河呢？就这么消失了吗？那些人们就这么不爱护纯洁的小河吗？就这么忍心把垃圾倒入这可爱的小河的嘴巴中吗？就不能爱护这祖先给我们留下的自然景观吗？

小河，我最爱的珊溪河，不管你的面貌怎么改变，我都不会忘记你曾带给我快乐的童年。

尤溪源湖——我的老家

林可萌

　　早晨起来，暖暖的而又刺眼的阳光洒在床上，懒懒的我，极不情愿地抬起一只手，遮住眼睛，迷迷糊糊中，带着抱怨："为什么那么刺眼啊！"缓了一会儿，我坐了起来，突然深深地叹了口气——不知怎的，就思念起我的老家——源湖了。

　　因为舅妈家条件优越了，所以就在尤溪梅仙买了一套房子。记得最后一次去我成长的乐园——尤溪源湖老家，是在我八岁的那年夏天。

　　那熟悉的景象在我心中深深地烙下了一枚印！

　　每天早晨六点，"唰唰"的扫地声就像一个闹钟叫我起床，那是外婆正在扫楼下大院呢！

　　七点多时，我们一家人就会到一楼吃早餐——有时是稀饭配酱油豆腐。那时候，常有人来我们源湖老家楼下叫卖，豆腐放在碟子里，浇上酱油，撒上小葱，只能用汤匙轻轻慢慢舀，入口即化。啊！那是响当当的正宗，响当当的美味；有时是锅边糊！撒上虾米，铺上紫菜，再加上条条煎蛋！倍儿爽；因为老家离集市很远，靠近高速公路，所以，万分之一的可能性能让我吃到一次面包、蛋糕，再配点儿豆浆，如果是花生汤，那就太棒了！请你想一想在大锅里慢慢熬的花生汤，既香浓又纯正！唉，别想了，我的口水都要流下来了！

吃完早饭，我和表妹萱就会到二楼的阳台上，趴在冰冰凉凉的石地板上。我们有时聊聊天；有时装模作样地做作业；有时又从水泥扶手的小洞洞里"窥探"楼下的"动静"：舅妈会抱着小表弟扭着屁股，在跟隔壁邻居"七'坏'婆"谈天。而"七'坏'公"则会骑着他那辆黑色摩托车到田里抓田螺，捕泥鳅！

十点多，大家都回自己家里忙活午餐去了，而老舅和外婆则可能去后山的"阿木涛"（尤溪话菜地的意思）去摘菜。

吃完饭，我们都会在一楼厨房对面的客厅里，看一会儿电视，大人们再告辞去午休！当大人都去午休时。我和萱就开始"忙活"了。我俩会一起去"啊冒爷"的果蔬地里去摘一个个圆圆的绿色的小果子，你猜，我们要干吗？

我们就在家大院的前面——一棵茂盛的大铁树和一批木材的中间——那片沙地，开启我们的做蛋糕游戏！我们会蹲在那儿，用手把沙子集成一堆，再用手做成一个"碗状"把它们的边弄成弧形，最终成为一个圆；然后，我们再用手心把"蛋糕"的面拍平！把我们刚摘下的"新鲜果子"点缀在上面，最后，再找几根短棒插在"蛋糕"上，可爱金黄的小蛋糕就新鲜出炉了！大半个下午，就这样在快乐和欢笑声中度过了……

下午三点多时，老舅也要"出动"了，他会穿好雨鞋，扛着铁锹到山上挖笋去，刚"生"出来的笋是最嫩的也是最甜的，把这种笋拿来炒再加点儿肉丝，真的很完美！把苦笋拿来煮肉做成汤，有点儿苦，有点儿甜，清淡又美味！

下午四点多，缕缕炊烟从烟囱中升起飘荡在大院的天空中，淡淡的木桶饭香从窗口中飘出萦绕在我们的鼻尖上，"欻啦欻啦"的炒菜声回荡在我们耳畔……太阳渐渐躲在了山头，只献给我们红色的光辉。

我们端着碗，在大院里"吧唧吧唧"地吃着，好惬意，好幸福！

吃完饭，我和萱就一起去洗澡。洗完了澡，我们穿着宽大而又柔软的睡衣，拖着人字拖，"嘎吱嘎吱"地向一楼跑去，我和萱一人扛着一把小竹椅，到大院里乘凉。乘凉，就好像我们的习惯一样，每天都这样，虽然这时，大地还在蒸发着热气，可我们依然坐在那儿。我、萱和舅舅还有来打酱油的爸爸妈妈一起把长长的、宽宽的、大大的竹凉椅抬到大院上，坐在那儿，等待着夜晚的到来……渐渐地，大地不再散发出热气，晚风轻柔地拂过每一个人的面颊，凉凉的，爽爽的……

这就是我的天堂，我的乐园，我成长的地方，我的家……

家乡的夏夜

陈映萱

家乡的夏夜是那样的迷人！

晚霞渐渐退去，大地渐渐地淡化了白日的燥热，打开窗户，望着天空中闪烁的星星，聆听着属于夏的乐曲。

知了在枝头偷偷地奏鸣，小鸟儿在一旁悄悄地歌唱。这儿是夏日的夜晚，没有白日的喧嚣和吵闹，只有那清脆的天籁之声和美丽灿烂的夜景。

这时，"纺织娘"也加入了知了和鸟儿的行列。它们的歌声宛如那优美悦耳的流水声。它们就好像一个近似完美的乐队，只不过不用排练，也没有一个指挥员，但是它们的合奏高出了一般乐队的水平，听了它们的合奏，你会神清气爽。

树下，一群老人拿着扇子坐在路边的椅子上乘凉，他们聊着天，不时地传来"哈哈"的欢笑声。而他们的孙子、孙女们围着大树捉迷藏，小脸上洋溢着满足的笑容。夏日的夜晚，是多么美好啊！

夏天的夜晚，星星闪烁着亮晶晶的光芒，一点，两点，三点……闪烁不定，就像一只只淘气、幼稚，然而又充满神秘智慧的眼睛。它们仿佛看到了我们，便和我们玩儿起"藏猫猫"的游戏来，它们灵巧的身躯，东躲西藏，时隐时现，弄得我们眼花缭乱。忽然，一颗流星飞来，吸引着我们的目光，一眨眼的工夫，它又从我们的目光底下隐遁了。我高仰起头，睁大眼睛，从东到西，仔仔细细地查看了一遍，却连个影子也找不着！望向街道，闪烁的霓虹灯布满街道两旁。而在街上，大小不一的汽车川流不息，人们在白日的忙碌中收获了许多，在夏日的夜晚，都会纷纷到街上散步放松。

夏日的夜晚，虽然没有白日的繁华，但是它有自己一番独特美丽的风景！

西湖，人间天堂

张冰灵

"上有天堂，下有苏杭"，杭州是个美丽的地方，最美的要数西湖了。那是我的家乡，是一个风景优美的地方，是一个名扬四海的地方，它吸引了那么多来自五湖四海的游客。

春天的西湖桃红柳绿、鸟语花香。湖边的柳树长出新的枝条，在春风中跳着舞蹈；粉红的桃花开了，远远望去，像天边的云彩，仔细看的话，像一张张小脸正对我们笑呢！雨中的西湖像披上了轻纱，朦朦胧胧，看都看不清了！春天的西湖真是生机勃勃啊！

"接天莲叶无穷碧，映日荷花别样红"，夏天的西湖也很美。荷叶绿绿的、圆圆的，像一把把大伞；荷花开了，有的还是花骨朵儿，有的已经开了两三片花瓣，还有的已经向人们绽开美丽的笑脸；西湖边的树木长得郁郁葱葱，密密层层的枝叶把湖水映照得绿油油的。

秋天的西湖依然美不胜收。湖边的树林层林尽染、叠翠流金。枫树的叶子变红了，一片片叶子像一枚枚邮票，飘啊飘啊，邮来了秋天的凉爽；银杏树的叶子变黄了，像一把把小扇子，扇走了夏天的炎热。一阵秋风吹来，一片片树叶像蝴蝶一样在空中翩翩起舞。有的落到湖面上，像一只只小船；有的落到地上，像给大地铺上一层金黄的棉被；还有的落到长椅上，好像在提醒人们秋天来了。"荷尽已无擎雨盖，菊残犹有傲霜枝"，湖里的荷花枯萎了，荷叶已经没有了宽大的叶子，只剩干枯的枝条；菊花不甘示弱，它们争奇斗艳，有红的、白的、黄的……

冬天的西湖也别具风格。岸上的树木叶子已经落光，光光的树枝没有一点儿绿意，小鸟给孤单的老树添上一片片会飞的叶子；要是碰上下雪，树枝上积满白雪，地上也全是雪，这时，"西湖十景"中的"断桥残雪"显得格外耀眼，桥上的积雪一半多一半少，"断桥残雪"应该是这么来的吧；冬天的西湖只有一种花开放，那就是蜡梅，我不禁想起卢梅坡的诗句"梅须逊雪三分白，雪却输梅一段香"；夕阳西下，红红的落日把湖水映得更加火红，空中还飞舞着一些水鸟，正在欢快地嬉戏。

西湖，你真是我们的人间天堂，真配得上宋代诗人苏轼的诗句"欲把西湖比西子，淡妆浓抹总相宜"。

我爱西湖，祝愿家乡越来越美丽！

感恩亲情——重阳节

黄宇晴

　　重阳节，是老人的节日，是所有长辈的节日。在这重阳节的日子里，我最要感谢的是我的爷爷奶奶。

　　我的爷爷奶奶如今也六十多岁了，都长着慈祥的脸庞，我的爷爷戴着一副眼镜，而我的奶奶脸上有一双甜蜜的小酒窝。

　　奶奶非常勤劳非常善良，自我懂事起，就没见过她生气。她对我的爱是天下最真诚、最朴实的爱。

　　有一次，我在学校突然肚子痛，痛得冷汗直冒，老师看见后，立即给妈妈打电话，因为当时妈妈和爸爸都在出差，爷爷奶奶一听，心急如焚地赶到学校送我去医院。去医院的路上，奶奶背着我，还不停地问我："宝贝还痛吗？"我真想说："奶奶我爱您！您的腰本来就不好，还要背我到医院。"不知不觉我的眼眶里闪烁着泪水。

而爷爷对我的爱有好多种，有宠爱，也有严厉的爱。有一次，我一边玩电脑一边吃饭，我知道这样做是不对的，可电脑里的游戏太吸引我了，我无法控制自己放下电脑，专心去吃饭。这时爷爷散步回来，看见我这种情况，就拉着我的手，语重心长地说："宇晴，你这样做是一心二用，一个人做任何事都要做到专心致志，而且要学会一件事情做完后才能做另一件事，一边吃饭一边玩电脑也很不利于消化的！"看着爷爷那严厉的眼神，我惭愧地低下了头。从此我再也没有边吃饭边玩电脑了。

　　爷爷奶奶总是会老的。我觉得，老人不需要多好的条件，只要在他们需要你的时候，陪他们在一起，为他们捶捶背，不要让他们孤独。在这个重阳节里，我希望天下所有的子女能陪在亲人身边，尽一份责任！

感 恩 亲 情

赖思颖

在重阳节到来的日子里，我想着应该为奶奶做些力所能及的事情，奶奶最疼爱我，好吃、好玩的东西第一时间就拿给我，从小到大我都沉浸在爱的蜜罐里，无忧无虑。

奶奶平时脚就不好，走多了路就会疼，今天去了很多地方，脚也应该疼了吧！我还从来没有帮奶奶洗过脚呢。于是，我决定帮奶奶洗脚。我搬来一张凳子，打好水，用手试了试水温，好像有些凉了，便加了些热水，叫奶奶坐下。奶奶看我这架势，连忙说："哎呀，不用洗啦，我也没有这个习惯！""奶奶，你今天走了很多路，泡泡脚，也会更舒服的嘛。"我坚持说。奶奶拗不过我，便答应了。我把奶奶的脚放到水里，见奶奶没有说什么，便用手捧起水从奶奶的小腿往下面洒，搓了搓脚后跟和脚趾，水快凉了，我拿来擦脚布帮奶奶把脚擦干净，奶奶说我长大了!

是啊，我长大了，不再是那个需要奶奶庇护的小姑娘了，不再是那个哭泣时用奶奶的衣袖擦眼泪的小姑娘了，奶奶年纪大了，应该换我来照顾她了，只要是我能做到的力所能及的事，我都愿意为奶奶做……

奶奶对我的爱在记忆中永远也无法抹去，我愿意永远做奶奶的小棉袄，温暖她的心窝！

我让爷爷露笑容

郑迦乐

"爷爷,好看吗?它活了!"我问。"真的?"爷爷不可思议地问。"嗯!"我兴奋地说道。"太好了!太好了!"爷爷高兴地大叫起来。我爷爷为什么这样高兴?是因为窗台上那盆洁白的茉莉花……

前段时间,我家那盆洁白的茉莉花枯萎了,那盆茉莉花是爷爷与去世的奶奶一起种的,花枯萎了,爷爷也整天失魂落魄,像失去了心爱的宝贝一样,我真是看在眼里,急在心上。我一定要让爷爷开心起来!

我想,植物枯萎是因为没有水分吧,浇点儿水应该会好起来的。我试着浇了点儿水,希望能出现奇迹。很遗憾,奇迹并没有发生,那叶子依旧枯黄,有气无力地挂在那干干的枝子上,一碰花瓣就掉,惨不忍睹。难道真的没有希望了吗?我不能放弃,因为这盆茉莉爷爷都把它视为命根子了，这盆茉莉要是真死了，岂不是断了爷爷的命根？只要还有一丁点儿希望，我都不能放弃！我仔细地看了看茉莉花的枝干，竟然一点儿绿色也找不到了。我绝望了，因为茉莉花的枝干只要没了绿色，连一丝起死回生的希望都没有了。我伤心极了，爷爷也伤心得昏天黑地。

怎么才能让爷爷露出笑容呢？这时，楼下萧奶奶的茉莉花引起了我的注意。萧奶奶家的茉莉花大小和爷爷的差不多，品种也一样……要不，我拿我家的玫瑰跟萧奶奶换茉莉花吧。那盆玫瑰花我也很喜欢，可爷爷爱茉莉胜过我爱玫瑰。为了爷爷，我破例用玫瑰去换茉莉花，换成功了。爷爷不在家，我赶紧把萧奶奶的茉莉种到原来种茉莉的花盆中。"叮咚"爷爷回来了！我连忙把茉莉端到爷爷面前，于是就出现了开头的对话。

爷爷笑了！笑得那么甜，充满了对奶奶的爱和对茉莉的喜爱。爷爷笑了，我终于让爷爷绽开了甜甜的笑容。

诚
信

我帮妈妈做了一件事

罗婕禹

从我懂事起，妈妈便无微不至地关心着我。如今，我已经是一个十二岁的大男孩儿了，不能每天都让妈妈为我操劳，所以，我总想找个机会帮妈妈分担一些家务活。

机会终于来了，那是一个星期六的上午，妈妈不在家，搞卫生的阿姨又没来，是我大显身手的时候了。

首先，我拿来扫把，把地板扫干净。唉，我家的地板实在是太脏了，尤其是沙发底下、床底下、桌子底下更是"惨不忍睹"。我费了九牛二虎之力才将它们扫干净。

接着我拿着抹布，认认真真地擦起桌子来。十分钟后，桌面被我擦得闪闪发亮。我又拿起拖把，把地板拖了一遍，不一会儿，地板上的脏物就全部被我"消灭"掉了。此时，我已经是满头大汗了。我扫视了一下客厅，自言自语道："嗯，我还真行，这卫生搞得不错，可谓是一尘不染啊！"可是干净的客厅里，却还有一堆东西显得特别不协调，走近一看，原来那是昨天换下的脏衣服。心想：对，这脏衣服也得洗。

说干就干，我挽起袖子，把脏衣服放进脸盆里。我先在衣服的领口和袖口喷上"衣领净"，再把它放到脸盆里浸泡五分钟，然后涂上肥皂，拿起刷子，"唰唰唰"地刷起来，把整件衣服都刷了一遍后，再把它放到水里浸一浸，接着放到洗衣板上用手使劲搓，这样连续搓几次，一件衣服就洗好了。接着，我又按同样的方法把其他衣服洗了一遍。再把充满泡沫的污水倒掉，换上一盆清水，把所有衣服都漂洗两遍，这样，它们就都被我洗得干干净净了。最后我把衣服都晾到阳台上。此时，我已经累得筋疲力尽了。但是看着阳台上一排整齐干净的衣服，心里却有说不出的高兴。瞧，我会帮妈妈做事了。

第二天，我穿着自己洗干净的衣服，心里喜滋滋的，真比吃了蜜还甜。是啊，收获是喜悦的，但必须付出才会有收获，要经过自己的劳动才能体会到收获的喜悦。以后，我一定要多帮妈妈做事，既能减轻妈妈的负担，又能提高自己的劳动能力。

诚
信

记忆，是多么美妙的东西

我的好朋友

彭雨萱

我有一个非常要好的朋友。

她是一个明事理、落落大方的人，她有一双大眼睛，黑色的眼瞳闪闪发光，她的柳叶似的眉毛，一看就感觉很美丽。我们就如同亲姐妹一样，当我有困难的时候她总是帮我解难。有一次，我们一起做作业，突然我有一道题不会了，我本想看一看她的作业，可是她拿书挡住了她的作业不让我看，我不好意思地对她说："看一下嘛，有什么大不了的！"她说："不行，等我回去给你讲吧。"我一听却不以为然地说了声："不用了，我用不起。"此后，我不再理她了，她说什么我都像没有听见，放学后我独自一个人悻悻地走回了家，虽然其他同学对我有很多的笑语，但少了一个好朋友，我觉得好寂寞，好孤独，在其他同学的欢笑中就缺少她的那种谦和，我的心情如同一团乱麻，陷入了难以解脱的烦恼之中。我回家后，想了许久，觉得还是我不对，觉得自己应该去给人家道歉，于是我向她家跑去，在路上我只顾低头走路，不小心撞到了一个人，我抬头一看是她。她向我说了声对不起，并告诉我她是想上我家来给我讲题的。看到她那坦诚的目光，我低下了头，并说了声应该道歉的是我，只见她接着说道："老师不是常说'知之为知之，不知为不知，是知也'吗，我们怎么能做'文贼'呢？"到我家后，她拿出书向我认真地讲着，她讲得是那样认真，我听得是那样入神，一会儿我就明白了那道题。从此我们又成了好朋友。

　　我的好朋友是那么善良，那么优秀，我没有交错她！

"冤家"朋友

吴子超

"朋友一生一起走,那些日子不再有,一句话,一辈子,一生情,一杯酒。"每当听到周华健的《朋友》这首歌时,我就会想起我的"冤家"朋友——彭铖。

他有一张标准的国字脸,一双浓眉大眼炯炯有神。在眼睛下蒜头鼻上顶着一副黑红交织边框的眼镜。令人最难忘的不是他的大耳垂,而是他的大嗓门,因为有一种"路见不平一声吼"的英雄气概。

冤 家 冤

讲起我和彭铖的冤家事可以说是"三天一大打,两天一小吵"。在前几天,我们俩就因为一件小事大打出手。

那天,彭铖跟我开玩笑想抢我的笔盒和衣服。我让他抢空了。他又抢走了我的一支笔。我的火爆脾气一点就燃，不可收拾地炸开了花，我以其人之道还治其人之身，抢了他的水瓶。他一看，迁怒到我的衣服上，只见我的衣服被他的"神鹰爪"抓住乱打，他又把我的书包一拉，"哗"一下东西全都掉了出来。他好像没"玩"过瘾似的，又像扔"流星镖"一样，将我的一支笔扔了出去，不巧，正中靶心——电脑屏幕。幸好屏幕大叔身体很好，不然就要赔了。我一看更火了，就以牙还牙，将他的水瓶像敲钉子似的乱敲，不一会儿把手就"飞"了……就这样，我们的冤家结成了。

朋 友 情

有冤又有情，说起我和彭铖是朋友的故事比沙漠中的黄沙更多。让我从记忆的大门中找一颗最耀眼的星星给你看看吧！

今年运动会，我光荣地被老师选上参加跳高比赛。我在课后常常练习。一个周日下午的羽毛球课后，我想去二中沙坑练跳高，彭铖二话不说和我们一家一起去了。他和妈妈拉绳子，爸爸指导我，五分钟，十分钟，二十分钟，三十五分钟，一小时……他在阳光下站了整整一个小时，只见他汗流浃背，头上还沁出一颗颗晶莹的汗珠。他不但坚持着，还时时为我加油，一个小时后，他才离开。

这，就是我的"冤家"朋友——彭铖。我真希望在以后的学习生活中能和他成为长久的好朋友。

同　学

王思元

　　到底什么是同学？为什么他会叫我们一生牵挂，三世相亲？为什么我们能够风雨同舟，甘苦与共？为什么同学相聚，就像一道军令？无论你在天涯海角，都能够赴汤蹈火，义无反顾。

　　其实，同学就是同"学"，一旦同了"学"，就是永远的"同学"。可是，在学校时，并没有人互相称呼同学，毕业以后，我们却拥有了一个共同的名字——"同学"。这个抽象的、浸入了血液的、融入了生命的名字要比每个人的名字更重要、更温馨、更具魅力。

　　同学，就是亲爱的兄弟姐妹，是精神上的血亲；同学是一种别样的情，有永远说不完的话、叙不完的旧、道不尽的喜悦、诉不完的忧愁；就算有一天沧海变成桑田，那些笑或泪、共同的画面，也会永远留在我们心里，不会改变。同学，因为没有名利的杂质，所以没有物欲的浊流，只有共同走过的一段黄金岁月；同学，因为至纯至真，所以像玉壶冰心，似银色月光，让人心生透明，魂魄温馨。当全世界的目光，都关心你飞得高不高时，真的想知道你有没有烦恼、你过得好不好、你是否快乐的那个人，就是同学。同学是一张不变的照片，虽然泛黄，在我们的心里，却依然如新。同学是一艘沿江而下的帆船，不在乎终点在哪里，只看两岸，郁郁葱葱，峰峦叠秀。

同学是一笔丰厚的精神财富，它不会随时间的推移而贬值或遗失（除非失忆了），任谁也不会掠走你这笔内心的宝藏。它是存在于我们心中最珍贵的记忆或真谛。在你失意或悲伤的时候，它给你以抚慰；在挫折的时候，它给你提供价值感和方向感；在你老去时，可以回味、品味，使你重温年少，重度青春……

逆境中，同学是一把火，燃烧你的激情，教你屡败屡战，永不言弃；

顺境里，同学是一块冰，劝你头脑别发热，宠辱不惊；

风雨中，同学是相携相扶的臂膀，是遮风挡雨的那把伞；

阳光里，同学是蓝天上飘荡的白云，是雨后的那道彩虹。

同学就像一杯浓烈的酒，晶莹剔透，此心永鉴。这杯酒存放的时间愈久，回味就愈加绵长。那浓浓的意味，那爽口的芳香，令我们在相聚时，会激情澎湃、壮怀不已；当离别后，会细流涓涓、源远流长。

记忆，是多么美妙的东西

连之贻

> 记忆，是一个美妙的东西，也许，它会让你
> 开怀大笑，也可能，会让你潸然泪下……
>
> ——题记

每当你回忆起一件美好的事时，一种莫名的味道便弥漫在心里，甜甜的，浓浓的……

如果有人问我，我喜欢什么天气，我一定会回答：我喜欢雨天，喜欢听雨滴打在树叶上的声音；喜欢下雨时那凉凉的感觉；喜欢雨中那青草的香气……因为，那可以让我回忆起心里那难忘的味道。

春天，一场春雨从天而降，我漫步在雨中，手高高举起，细细感受雨滴的温度，忽然，我的心中被一种不知名的感觉弥漫，我仿佛回到一年级，稚嫩的声音，小小的

身影，梳着利落的学生短发，像如今一样，欢快地奔跑在雨中，嘴里喊着：这是什么味道，真舒服，我喜欢这个味道！

　　夏天，一缕明媚的阳光在云层中透出，像舞台上那一抹耀眼的灯光，洒在我身上。一股微风吹来，短裙在风中微微飘扬。我仿佛看到一个穿着小花裙、梳着羊角辫的小女孩，蹦蹦跳跳地拉着爸爸的手，"老爸，你知道吗？这次我和张胤煊、郭雨昕还有好多好多的幼儿园朋友在一个班呢！好开心呀！"……

　　"张明！你们不要打架了！"四年级就要结束了，当初那个穿着小花裙、梳着羊角辫的小女孩，已经变得有些成熟、稳重。却对这个班级毫无留恋。好不容易到了闭学式，老师走后，大家都依依不舍地告别，小女孩儿却像逃离这儿一般，匆匆离开，没有回头。

　　当初那个在雨中奔跑，在阳光下蹦跳的单纯小女孩的身影已经消失，取代她的是一个长长的黑发高高扎起的女孩儿，一套利落的学生装衬着些许沉稳的神情，一手撑着头。"你好，我可以坐这边吗？"一声清脆的话语仿佛打破了她的宁静，女孩笑着说，"当然可以，我叫连之贻，你叫什么？""我叫郭贝琳。"这是我和贝琳第一次见面。

　　秋叶渐渐落下，风也变得冰冷起来，"六年级了啊……"我轻轻地叹息道，不知为何，一种浓浓的不舍罩在心头。一想到我的班级，我不由得笑起来，快步走进班级。"之贻！！"贝琳从背后扑上来，给了我一个重重的熊抱。我微笑着和她打闹着，看着乐乐、贝琳和同学们走进班级，时光仿佛回到五年级，我们刚刚见面的那时。

我们意外地发现，彼此有许多的共同语言可聊，还都住在一个地方。我和贝琳聊着天，听见那些同学说："看那个女生，穿得好奇怪啊。"我们抬头一看，一个穿着旗袍的女生走过来，我心中暗笑一声：幸好我比较明智，没把旗袍穿来。贝琳突然说："千万不要来我们班啊。"我问她："她是谁，穿得好奇怪，怎么会穿旗袍？""她叫练紫涵。我们以前是一个班的。""哦，知道了，我们不理她，继续玩吧。"那个女生，也许并不好相处吧。

时间飞快地过去，开学已经一个星期了，我们班拍了班级合照，大家摆着各式各样的动作，欢快地笑着，打闹着……

中午放学，渐渐熟悉的我们一起走在回家的路上，在路边的广告墙上写下一句句话，笑声久久地在天空盘旋。

我多希望时间停留在这一刻，留在这美好的一刻。

看着他们，我终于明白了这种味道的来源，它来自我们的心，来自我们心中最美好的记忆……

远去的小学生活

郭贝琳

六年的小学生活过去了，我们即将离开亲爱的母校。这时，我们才发现，"毕业"不是一个轻飘飘的名词，而是一份沉甸甸的留恋。对于难舍难分的同学，对于循循善诱的老师，对于朝夕相伴的校园，我们有太多太多的依恋与感恩。

感谢同学，这六年来，我们一直生活在一起。我们之间留下了太多太多珍贵的记忆——我们曾闹过的小矛盾，发生在我们之间的小插曲，我们共同策划的班队活动，我们一起谈论着那些遥远的理想……

这些平凡而朴素的小事，在六年如水的岁月里，将成为我难忘的美好记忆！运动会上我们共同的呐喊，歌咏比赛中我们齐心的努力，队旗下我们庄严的宣誓！六年朝夕相处的情谊是深厚的，是很难说分离的，同学们，我会

143

记得你们那一张张天真的笑脸。让我为你们灿烂的前途祝福！

感谢敬爱的老师！是你们，让我学到了许多的知识。尽管你们总是把对我们的爱深深埋在心里，尽管你们每天尽力扮出严肃的样子，但是，我还是从你们的眼神里发现了你们对我们的爱！师恩如山，老师，你们给予了我们生命的色彩，我们将永远铭记！请允许我们道一声："老师，您辛苦了！"

感谢母校，感谢哺育了我们六年的成长摇篮！那宽敞明亮的教室，那高大挺拔的玉兰，那日夜为我们操劳的母校领导们！感谢你们！校园里的每一条路，都留下了我们的汗水和足迹。校园内的每一朵花，都即将变成最美好的记忆！

难忘的记忆

张冰灵

岁月匆匆，花开花落。小学六年级的学习生活瞬间就要过去了。即将离开母校，即将离开老师，即将离开同学，心中充满留恋之情。

忘不了，美丽的母校。在您的怀抱里，我们从无知变得懂事，从幼稚变得成熟，从胆小变得勇敢。在这里，我们受到了严格的教育；在这里，我们养成了遵守纪律、团结友爱的好作风；在这里，我们获得了知识，懂得了道理，我们在这里茁壮成长。

忘不了，敬爱的老师。您就如那"随风潜入夜，润物细无声"的春雨，滋润我们这些小禾苗。您让我明白了：阳光是怎样照亮人生的，园丁是怎样照顾花朵的，春风是怎样染绿世界……在我的眼中，老师，您既温柔又威严，既平凡又伟大，您就是我心中的春雨，您就是我心中的阳光……我永远感谢您。

忘不了，亲爱的同学。我们并肩走过了六年，在这六年中，我们一起度过了一段美好的岁月，送给了我一颗友谊的种子，播进我的心田。在朝夕相处中，我们一道成长，转眼间，却要分开，心中怎能平静呢？那么，就请记住我们在一起的每一分钟，让友谊地久天长！请珍惜剩下的每一分，每一秒，不让这六年成为遗憾。在母校里，留下美好的回忆；给同学，留下美好的记忆。

第一次走夜路

林潇逍

一滴露珠可以折射太阳的光辉，一片绿叶可以显示大地的生机……平凡的第一次，总会让人难以忘怀，并且时时萦绕于心，令人有所感悟，受益匪浅。

那还要从我一年级时说起。那一天，爸爸出差了，家里就只剩下我和妈妈，正好家里又没了糖，妈妈语重心长地对我说："宝贝，妈妈生病了，你就忍心让妈妈出去买糖吗？好宝贝，你就帮你亲爱的妈妈出去买一下吧。"在去买糖的路上有一小段没有路灯，虽然我没有独自走过，但自认为是小菜一碟。于是，我兴冲冲地出发了。走了一段路后，马上就到了那段没有灯的路，我的心突然有点儿忐忑不安。走在这段路上，周围漆黑一片，我有种胆战心惊的感觉，想赶快原路返回，可又不想被妈妈嘲笑，就只好硬着头皮往里走。这时候，我心里有点儿发慌，平时电视里的恐怖镜头出现在我的脑海。快了，快到了！隐约看到了一些五彩缤纷的灯光，我三步并作两步，向灯光亮着的地方跑去。

"终于到了。"我如释重负、气喘吁吁地说。

到了糖店，我毫不犹豫地说出了要多少斤糖，并付了钱。这时，我不知想起了什么，"啪"的一声，钱包掉到了地上。一颗豆大的汗珠从我的脸颊上滴下来。为什么会发生这样的事呢？原来，我想起了回家还要走那条黑漆漆的路，我不禁又哆嗦起来。

走在回家的夜路上，感觉没那么恐怖了，但还是有一种想要迫不及待回家的感觉。

终于回到了家，我向妈妈讲述了让我记忆深刻的第一次。妈妈听后哈哈大笑起来，说我那么胆小，连夜路都不敢走。

现在的我已经十三岁了，想起一年级时的那次"走夜路"就不禁笑起来，现在的我已毫不害怕走夜路了。

第一次走夜路，让我明白了那些每天生活在黑暗世界的盲人是多么的了不起。所以，我们应该关爱残疾人，让他们也感受到温暖。同时，我也学到了一个道理：只要勇敢地去面对，那么成功将离你越来越近。

我 在 努 力

陈曼洁

人生的道路总是充满着传奇色彩，酸甜苦辣，人生百味，皆可尝尽。而走在成长之路上的我，正因道路荆棘密布，所以我一直在披荆斩棘地努力着，只为那一片美好的天空。

"成功=艰苦的劳动+正确的方法+少谈空话"，这是我的座右铭，它的精辟在于写出了成功的真谛，那就是离不开努力和付出。老师常常对我们说："只要付出和努力，就会有收获。"不错的，努力就是打开成功之门的金钥匙，因此，我在拿着这把"金钥匙"朝着金殿大门不懈地奔跑。

我在努力。

习惯的养成注定一个人的一生。课堂上，我会注意老师的每个举动，每个眼神，每句话；看书时，我会细细揣

记忆，是多么美妙的东西

摩文章的每个段落，每个词语，每个字眼。因为我懂得，细节决定成败，习惯决定成败，所以我努力做好每件事。

我在努力。

最令我感慨万千的还是时间了。它总像一丝无声的微风从我身边悄悄溜走，却让我浑然不知。所以，我在尽我最大所能干好每件事，珍惜每一分每一秒，以至于以后不会空叹"少壮不努力，老大徒伤悲"。

我在努力。

碧波荡漾，绿水环绕，无丝竹之乱耳，无案牍之劳形。一环接着一环，微风拂过，似有万千愁绪，湖中泛起了涟漪。面对如此美好的风景，我只想说：我在努力，我会努力！

情 深 谊 长

沈婧怡

弹指一挥间，六年匆匆就将过去。我们是否在回忆小时候那天真的笑、幼稚的脸？我们是否在回忆过去的快乐、悲伤和疯狂？

这几天，我让同学们给我填同学录。我本以为在"留言板"上会有许多说不完的话，可令我意想不到的是，当我告诉他们"反面的留言板帮我留个言"时，他们却说："啥？能不能不写？我写不出来……"

难道我们同学之间的情谊真的就那么脆弱吗？难道这六年是白白相处的吗？我们真的就这么无情无义吗？写到这里，我流下了眼泪，写到这里，我怅然回想……

那时候，我们很小，一个个都是"小萝卜头"。有些同学门牙掉了，笑起来真甜！有些同学没戴眼镜，眼珠子滴溜溜地转，偶尔会茫然瞅瞅老师。有些同学很爱哭，一碰到不会的事就哇哇直哭。那时候……我不禁拿出了我的幼儿园同学录：歪歪扭扭的字体，一张张天真无邪的照片……我陷入了沉思。

六年了，多少欢声笑语，是我们的友谊唤起的！多少委屈泪水，是我们的友谊揩干的！多少沉沉奖杯，是我们的友谊争来的！多少讽刺谩骂，是我们的友谊扫去的！友谊的港湾含情脉脉，友谊的清风灌满征帆。

一年级，我们手拉手迈进了美丽的校园；二年级，我们在罗老师的带领下参加了一次至今记忆犹新的亲子活动；三年级，我们笑过哭过；四年级，我们用泪水送别卢老师、用欢笑迎来陈老师；五年级，我们在陈老师的教育下渐渐成熟长大；六年级，我们渴望投向初中的怀抱……

同学是春天的雨，细腻润滑；同学是夏天的风，激情火热；同学是秋天的叶，灿若云霞；同学是冬天的雪，纯净无瑕。同学就像一片片拼图，完整组合后才能构成一幅美丽的图画。如果不见了一片，就永远不会完整。你们——就是我不愿遗失的任何一片！多少个清晨，我们书声琅琅；多少个黄昏，我们笑笑离去。我们正在讲述一个永恒的故事：岁月可以改变我们的容颜，却无法改变我们的情谊！

随着时间"嘀嗒嘀嗒"地诉说，小学六年的时光即将与我们告别。也许，只有回望这六年，我们才会依恋；也许，只有失去，我们才会懂得珍惜。看着日子一天天过去，听着同学们的脚步声在走廊上回荡，我不禁遐想：二十年后我们如果碰在一起，那情景将会怎样？

　　我相信，看似毫无血缘关系的我们，实则情深谊长。我们的情谊，经得起沧海桑田，经得起岁月风霜，就像陈年的酒，越久越香。

回 忆 录

郑艺晗

在三明散漫地度过了一个学期,我真正体会到了什么叫差距。三明的生活欣欣向荣,繁华的街道从身边延伸开,错综复杂的大街小巷迷得我这个乡下孩子晕头转向,大大小小的红绿灯每天都在闪烁着。此刻,我多么怀念我的家乡啊!养我育我的明溪!

每当清晨,三明的学生们在苦不堪言地挤着公交车时,明溪的学生们却迎着朝阳,伴随着清风和鸟语花香,手拉手地有说有笑迈入学校。当这儿的学生松散地在下课时分靠在走廊里谈天说地时,明溪的学生则埋头在成堆的书和作业里做练习,听着老师滔滔不绝的讲课声,为每一次考试做好准备。当这儿的学生伴着夕阳回家时,明溪的学生一如既往面不改色地等老师拖课到六点才回到家里。当这儿的学生做完简单易懂、为数不多的家庭作业,愉快地在智能手机上你过来一个QQ消息，我过去一条微信时，明溪的孩子在作业堆里用古板的按键手机一个数字一个数字地算着生涩难懂的题目，直到九点半、十点甚至十一点。当三明的学生……

三明的生活节奏太快，太轻松。明溪那样生活节奏慢，但是身边有严厉的老师无时无刻不在辅导作业，我觉得那才是适合我的人生。我是一个奋发上进的人，我不希望滞留在原地，我多么希望能够成长、强大起来啊！所以，我竟怀念起那凶巴巴的老师和锻炼脑筋的复杂练习。

明溪生活节奏的确很慢，那是三明以及所有繁华都市的人都未曾体会过的闲适：傍晚，可以趴在阳台上听着美妙动听的鸟鸣，望着远处连绵不断的苍翠山峰，隐隐约约可以看见山上的几座寺庙和亭子。三明绝不会有的没有一粒灰尘的清新空气流连鼻间，毫无瑕疵的田野和波光粼粼的鱼塘连在一起，是三明从未有过的清闲气质。那天空更是三明孩子看不见的美景，鲜红耀眼的硕大夕阳，伏在山上，天际布满了数不清的彩霞，宛如壁画边缘的裱框，五颜六色、美妙绝伦。蔚蓝色的天空中，些许白云悠悠忽忽地飘来飘去，其中含了些美丽的颜色，还有很多宛如雾般的缥缈彩云，在夕阳的阳光下为天空这块蔚蓝色的幕布增添了无数光彩，美得耀眼，美得独一无二。晚上，江滨公园更是美得如花，幽幽的绿灯放置在树中，光束如烟，逸在深蓝和漆黑交织的天空中。江滨公园的河，被四周五颜六色的彩灯映衬得波光粼粼，偶尔可以看见垂钓的人手拿长长的渔竿，目不转睛地盯着水面。在河中，还有几个大石礅，石礅的另一边就是一个小小的垂直的坡。在河边的又长又宽的走廊没有完全封闭起栏杆的时候，我和姐姐便走在大石礅上，从河这头跑到河那头。在一座小小的桥下，也有几个石礅。与之前的石礅相似，不过这个石礅更长，垂直的坡更高了。从小道行走的人们，懒得绕上去走桥，便从石礅那走过去，脚被清凉干净的河水冲过，舒服极了，绝对是夏天避暑的好方法。周末，通常和同学约着，骑了自行车走街串巷，到了一个小小的空地，从背上卸下羽毛球，自行车靠在一边上了锁，打打球，聊聊奇闻逸事，一个周末就没有遗憾地度过了。有一座山叫南山，南山那边有一大片田野，还有种植红豆杉的大棚和露天的野地。那红豆杉一直长势很好，葱葱郁郁的绿树也很美。记得现在大棚里已经换过一批树种了，前一批树种就在我的陪伴下，十年过去，终于长大被送到那些大城市进行接下来的种植了。

我多么想念那里啊！每当想起那里，我的心脏就抽搐地痛，终于明白了思乡的味道，原来是比眼泪更苦涩，更酸。在三明悠悠忽忽地度过了一个学期，我体会到了什么叫思乡。

杭 州 西 湖

郭贝琳

俗话说：上有天堂、下有苏杭。能把杭州比作天堂，风景自然是美不胜收。我们怀着激动又期盼的心情终于来到著名的杭州西湖，这是我们这次旅游的最后一站，所以印象最深刻。导游点好人数后，就带领我们坐船观赏西湖，然后到湖的中心岛。

今天太阳真热啊，湖上风很大，正是荷花盛开的大好时节，荷花出淤泥而不染，盛开得无比娇艳，引无数游客争着拍照。小船缓缓向湖中央使去，到了湖中心，导游叫大家各拿出一元人民币，指着背面对大家说：现在我们到达的就是这人民币背面的位置"三潭印月"。岛上真热闹啊，人来人往，几乎无站人之地。我们随着导游向景点走去。途中，我无意间见到了城市里早就没有了的正宗山泉。我轻轻地搅了搅水，水上形成了一道道漂亮的水波，水凉丝丝的，舒服极了。路上，导游边走边说："西湖古称武林水、钱塘湖，又名西子湖，古代诗人苏轼就对它评价道：'欲把西湖比西子，淡妆浓抹总相宜。'湖中有小瀛洲、湖心亭、阮公墩三岛。由于子湖区间由桥孔连通，各部分的湖水不能充分掺混，导致各湖区水质差异的特点。西侧有三个子湖区进入外西湖。湖水总面积6.145平方公里。总容积0.1247亿立方米，平均水深1.235米……"导游的介绍令我大开眼界。参观完之后，我们自由游览，随处可见青山、绿水、阴凉小道。真是人见人爱的美丽之处啊！

秋

陈　乐

　　秋天不像春天那样百花争艳，芳香怡人；不像夏天那样有那么多的小生灵在歌唱；也没有冬天那么富有诗意。可是，它在我心中却是最美的。

　　秋天有一种颜色是天下一绝的，那就是红。枫叶只有在遇见秋天时才会脸红，那绚丽多姿的枫叶，远远望去，像朝霞一样，把山都染成火红火红的了。风吹来，枫叶像红色的雪一样，飘了下来，让人们前来欣赏。

　　秋天虽然没有夏天一样有那么多的小生灵，可秋天落叶的景观可比它们美多了。当风吹起来时，叶子就随风而落，还时时发出声响，好像在大声地告诉大家："谁说秋天没有蝴蝶？我不就是吗？怎么样，漂亮吧！"

　　秋天虽然不像冬天有洁白的衣服，可是它那金黄色的衣服也不错呀！而且比冬天的那件白色衣服暖和多了。秋

记忆，是多么美妙的东西

真诚是超越隔阂的渡桥

天也有很多独特之处。

到了秋天，植物好像争先恐后地跑到理发店去过。有人可能会问："它们去理发店干吗？""当然是去染发啦！"它们也要赶时髦呢！

到了秋天，桂花树上的桂花都开了，让老远的人们都能闻到那醉人的香味。

到了秋天，农民伯伯非常地开心，因为他们辛辛苦苦种的粮食、果子等，都丰收了。哇，想起我最喜欢吃的青橘成熟了，口水都流了下来。

秋天，是一个让我思念的季节，那院子落叶和我的思念都积了厚厚一叠，可是那饱满的稻谷，更幸福了我心中的世界。

游　平　潭

白皓威

八月十六号我们去平潭玩，当天下午到坛南湾玩。

下午四点钟，我怀着迫切的心情来到了海边，海边的路上停满了车子，我想：这么多车子肯定很多人，肯定很热闹。一下车我就很激动地冲到了沙滩上。哇！果然很多人，真是人山人海！岸边有密密麻麻的帐篷，还有许多小吃。

这些游人有的在游泳，有的在开快艇，有的在骑水上自行车，有的人在放风筝，有的在玩遥控飞机，还有的在沙滩上开小型越野车，热闹极了！远处的大海无边无际，海天一色，我都分不清哪边是海哪边是天了。有许多小船在捕鱼，对面还有一个小岛，听说叫将军岛。我们也迫不及待搭了两顶帐篷，一边是女的，一边是男的，供我们换泳衣。我们一个一个进了帐篷换好了泳衣，我就飞一般地跑到了海里，一直游到海水到我脖子的地方，老爸带我到更深一点儿的地方，我呛到了一些水，我说："这水是咸的，比厦门的海水还咸啊。"我一潜水，眼睛就会痛，像烧灼着那样，也许是这里海水太咸了。爸爸抓住我游，好累啊！后来我套上游泳圈，老爸抓着我的腿向前冲，这速度好快，像拉着黄包车那样，引得边上的人哈哈大笑。

　　游完泳我们就去吃了饭，已是夜幕降临了，这时候沙滩上又热闹起来了，有的人跟着《小苹果》的音乐节奏跳舞，有的人用荧光棒手舞足蹈，有的人在放孔明灯，而我们打着手电筒在沙滩上寻找退潮后的大海秘密，退潮后的沙滩非常平整，没有一点脚印，我们在沙滩上找到一些贝壳，还有一些石头，我们还看到了一些死在沙滩上的小鱼，原来我们想找到一些奇珍异宝，现在落空了！

　　就这样，一天时间过去了，我们依依不舍地离开这座城市虽小，乐趣很多的小城！

迷人的妙云山庄

苏　涵

　　寒假的一个周末，外婆准备了一顿丰盛的晚宴请我们去吃。大家聚在一块儿，边吃边聊，无话不谈。外公突然提议："好长时间没去妙云山庄了，抽个时间去吧，那儿环境很优美，空气也好。"一听爬山，我就来劲了，说："不要再等了，就明天吧，明天正好是星期日，大家都有空，就一起出去踏青吧。"看到外公和我都这么有劲头儿，大家就都一致同意了。

　　第二天，我们把水、食品、相机等带上后便兴高采烈地出发了。一路上，我们有说有笑，不知不觉间就到了妙云山庄门口。

　　走进妙云山庄，一股浓浓的大森林的气息扑面而来，随即映入我们眼帘的是一幅美景：翠绿的松树上一群不知名的鸟儿在纵情歌唱；花丛中美丽的彩蝶正跳着欢快的舞蹈；最美的是那条小溪，溪水清澈见底，在阳光照耀下，波光粼粼，水面上好似飘着两条金色的彩带。水里一群群小鱼儿在尽情畅游着，时而嬉戏，时而跃出水面。啊，这难道不是一幅美丽的春景画吗？大家看得入迷了，我和姐姐飞奔过去，舀起清亮的溪水洗脸。

"快走吧，山上还有更美的景色呢！"不知谁喊了一声，大家又铆足劲向上登。我们来到了半山腰的枯藤林。这里满眼尽是枯树藤，乱蓬蓬的，好像是老爷爷的长胡须。能干的外公找到了一条很粗的树藤，将它分别钉在一棵粗树干上，做成了一个逼真的秋千。我和姐姐尽情地荡着秋千，好似又回到了孩童时期。

在枯藤林待了一段时间，我们又接着往上走。忽然，姐姐好像发现了什么新大陆似的，大叫起来："大家快来看啊，有重大发现！"我们顺着她指的方向望去，啊，眼前出现了一条清凌凌的小河，河面上还露出几十根梅花柱子，可以让游人们踩着过河，既美观又方便。河旁还有一块大石头和一排翠绿的柳树，柳叶在微风中随风飘荡，像是在欢迎我们的到来，真是太美了！我们决定在这儿休息了。

我跳上梅花柱子来回走着，无意中往水里一瞧：呀，水清得好像一面镜子，几只小乌龟在水里慢慢地爬着，悠闲极了。我不禁把脚伸下水里，一脚就踩到了柔软的细沙，在阳光照耀下，河水暖暖的，舒服极了。我和姐姐忙着捞鱼虾和乌龟，大人们则忙着选景拍照，真是其乐融融啊！

我们久久地坐着，任凉丝丝的水珠洒在火热的脸上，不知是谁说了一句："今天就在这安营扎寨，尽情地领略大自然的美丽风光吧！"我和姐姐高兴得一蹦三尺高。

时间过得真快啊！天色渐渐暗了下来。我们依依不舍地离开了妙云山庄。

啊，迷人的妙云山庄，你使我流连忘返！

窗 前 的 爱

珍惜水资源，共爱一个家

谢舒婷

　　这是一条穿行于山区的小河，由西而东穿过这个小山城，汇入几十里外的闽江。以前，河水清澈见底，游鱼、水藻历历可数，山城两岸的居民直接用小河的水饮用、淘米、洗菜；河水也浇灌着两岸几千上万亩的稻田、果园。一到炎热的夏天，孩子们就会高兴地投入到小河的怀抱，这儿成了孩子们尽情嬉戏玩水的天堂。两岸的花草树木倒映在清凌凌的河水里，显得格外美丽。

　　时间一天天过去了。一个星期天，我又来到河边，河两岸的美景真是令我心旷神怡。正当我沉醉在美景时，突然闻到了一阵阵恶臭从水面传来。我疾步来到河边，眼前的情景使我惊呆了：河面上漂浮着一个又一个的塑料袋，死鱼烂虾随处可见，饭盒、包装纸等废物也掺在其中。

　　这不是以前那条清澈见底、鱼虾成群的小河了，她变得苍老、憔悴了。我耳边仿佛回荡着她幽幽的叹息。

这一切的罪魁祸首，不正是贪婪的人类吗？瞧，两岸的居民把大量的未经处理的生活废水直接排放到小河的怀里；有的人为了方便，甚至直接把生活垃圾倒入河里；附近的工厂排放出来的污水、废渣也毫不保留地硬塞给小河；打扫农贸市场的工人把那些散发着难闻气味的脏东西也大方地送给小河……再加上人们永无止境地浪费水资源，才酿成了小河的悲剧。小河水哺育了多少人，而正是她的孩子毁了它，这难道不是一种讽刺吗？

悲剧不是不能避免，而是因为人类完全不顾这么做可能带来的后果，难道人类这样做不怕遭到大自然的报应吗？没有人会忘记1998年那场可怕的洪灾。在那场百年不遇的洪灾中，有多少良田被淹没、有多少家园被毁灭？它像一个梦魇，萦绕在人们心头。可见，大自然的报复是无情的。人类应该知道，大自然不是一个取之不尽、用之不竭的宝库。它无私地为人类提供资源，也需要人们爱护。设想一下，许多年后的某一天，当我们的后代望着已经干涸的沙溪河、已经寸草不生的山坡、已经被乌云笼罩的天空，他们会怎么想？他们一定会非常羡慕曾经生活在青山绿水中的祖先们。如果说有些资源用完还可以再生，可水资源不能再生，让我们行动起来，保护水资源。否则，世界上的最后一滴水，将会是人类自己的眼泪。

保护生命之源——水

马俊杰

　　水是生命之源，是万物之命脉所在。如果没有了水，土地就会干裂，生物就会渴死，世界也将不再美丽。其实地球上的水资源并不是取之不尽，用之不竭的，水也是有限的。如果我们现在再不珍惜水，世界上最后一滴水将会是人类的眼泪！

　　水是生命的摇篮，是孕育万物的母亲。一个人可以几天不进食，但不能几天不喝水。然而现在，浪费水的现象十分严重，甚至随处可见：有些同学洗手后经常忘了关水龙头，任凭水哗哗地流失；有的同学甚至把水壶当成了水枪，往别人身上、地上喷起了水柱。有些人把垃圾扔进江河、湖泊里，大量的水资源就会被污染。还有许多工厂把生产的污水不净化就排进河里，城市的废水也排进了江河湖泊，使水变得臭不可闻，鱼虾更是难以生存，由此导致大量水资源遭到污染，人类赖以生存的净水越来越缺乏，水的危机已经向人类敲响了警钟！

说起节约用水，一定得说说我家"小气"的奶奶。她把水当作宝，用水节约得像用油。奶奶洗东西时，水龙头不会开得很大，还一直用洗脸水、洗过衣服的水来拖地、冲厕所。你说为什么我的奶奶用水会这么小气？不仅如此，奶奶节约用水还有好办法，人家太阳能热水器的回水管装在外面，水满之后回水管的水都"哗哗哗"流掉了，奶奶却叫工人师傅把回水管装在家里，水满之后就会流在大脚盆里，奶奶幽默地说："这是节约水资源。"夏天，大家用空调时，我看到奶奶拎来两只空水桶，我问道："奶奶你在干什么呀？"奶奶说："快把水桶放到空调滴水的管子下面，让滴下来的水流到桶里面，那个水可干净了，像蒸馏水，可以用在蒸汽熨斗里面。"话音刚落，奶奶就把满满一桶空调水送给了做衣服的阿婆，还笑着说："这是再生资源。"到了雨季，我们家的挡水篷往下"哗哗"地漏水，奶奶拿来三四个脸盆接水。

当然，也有浪费水的人。有一次，我上完了厕所，正要去洗手，突然发现一位叔叔洗完了手忘记关水龙头，于是上前好心提醒道："叔叔，你忘记关水龙头了。"没想到那位叔叔一脸不屑，"大气"地说道："不就是一些水吗，反正也用不完，小屁孩还管起我来了！"说完头也不回快步离开了。我十分无奈，一边拧紧了水龙头，一边想道：唉，如果我们现在不节约水资源，将来会追悔莫及啊！

事后，我明白了，节约用水，保护水资源是人类当务之急，必须要从我们做起，从点滴做起，节约用水，如大小便后尽量不开大水冲，用洗衣水冲或用污水冲，工厂的叔叔阿姨们要坚决不让工业废水流进江河湖泊，先进行无害处理后才能排放，如果家里水管有漏水现象，要马上找人修理，不玩水枪等，要养成节约用水的好习惯，因为节约用水人人有责。

为了我们的世界，为了所有生物的生存，请大家珍惜身边的水，让我们携起手来，共同保护地球这个美丽的家园吧！

别让最后的一滴水是人的眼泪

蒋　婷

有这么一首歌："水，让花儿争奇斗艳／水，让大树挺拔／水，让小溪变美／但你在一天天憔悴／在一天天衰老／在一次次流着眼泪／如果人们不珍惜水资源／那么世界上的最后一滴水将是人类的眼泪。"

水是生命的源泉，生命之本。现在，全球有二十亿人口处于严重缺水的状况，全世界每一年因喝了不干净的水死亡的儿童就有五千万人！这数字是多么的令人触目惊心啊！节约用水、保护水资源已成为我们每个人的义务。

我们国家的水资源总拥有量很丰富，但人均水资源很贫乏，属于严重缺水的国家。可是我们仍不知节约，随意砍伐树木，导致水土大量流失。

也许我们无力改变那样的事实，但"众人拾柴火焰高"，只要我们每个人都尽力节约一点儿水，全国就能节

窗前的爱

约成千上万吨的水。在这儿我说说我家的节水小方法吧：我们家里都用分档的抽水马桶，这样就节约了许多水；家中只种那些比较耐旱、不需要经常浇水的花，家中还有许多水桶，像洗脸水这样的水都可以用来清洁家中不同的用品。此外，我们家人每次出门，都会认真检查一下水龙头是否关紧。最近，妈妈还买了一些书，那里面的节水小方法也帮家中节约了不少水……

我相信，同学们都想节约水资源，为节水出一份力。只是，我们应当把决心放到实际中来，不放过"一点一滴"，别让人类的眼泪成为世界上最后的一滴水！

哀怨的小鸟

陈琳君

嗨！大家好，我是一只活泼开朗的小鸟，我叫晶晶，我有一个好朋友，她叫球球。球球是一条很温顺的小狗，我们每天开心地玩耍。

有一天，猎人来了，拿着枪，向着天空中飞行的小麻雀打了过去，小麻雀立刻掉在地上，一直流血。猎人开心地把她抓了回去，煮了吃。我和球球伤心极了，因为，小麻雀也是我们的朋友。日子一天天过去，和我们玩耍的朋友越来越少；好听的歌声也越来越少；住处也越来越少。猎人来捕捉鸟儿；孩子们拿着弹弓到处乱打；伐木工人把一棵棵大树无情地伐去。这原本美丽的森林，变得一片荒凉。

一年又一年过去了，朋友没有了，树木没有了，以前那美丽的森林没有了，就相当于我们的家没有了。我们来到了另一片树林居住了。但是，每当孩子们走进树林时，我们都会停止歌唱，然后飞得远远的，比较小的鸟，一般会在母亲的带领下躲到树丛底下。因为，我们总是感觉人们是来捉我们的，我们都很害怕。每当看到他们沮丧的表情，似乎就是我们想要的结果。可是，我们错了，其实，他们很喜欢和我们玩，他们根本没有想捉捕我们的念头。我们是怎么知道的？这件事要从上次说起。

在一个风和日丽的早晨，我们在枝头欢快地歌唱，孩子们走进树林，我们和往常一样，躲了起来，一只刚刚出生不久的小鸟，不知道发生了什么事，在窝里蹦蹦跳跳，一不小心，从枝头上掉了下去，嘴里直喊着："妈妈！妈妈！"孩子们看到了，连忙跑了过去，我们的心一下子悬了起来，心想："完了！完了！"只见一个小女孩儿把小鸟抱起来抚摸着，一个小男孩儿拿来一把梯子，慢慢地爬上来，把小鸟重新放回到枝头上的窝里了。渐渐的，我们不再害怕他们了，而是和他们快乐地玩耍，我还把我的好朋友球球介绍给他们认识呢！

所以，我想对人类说："请放下你们手中的斧子、猎枪和弹弓吧！爱护你们身边的花草树木和动物吧！保卫家园靠的是你我他。谢谢你们能够理解！谢谢你们！"

我喜爱的一本书——《灰姑娘》

吴 为

我最爱看的书是《灰姑娘》。

这本书的主要内容是写一个美丽的小姑娘，她七岁那一年，母亲去世了，临终前，母亲对她说："你不要做工于心计的人，你要心地善良，不能有任何不好的习惯。"

几天后，父亲又替灰姑娘找了一位继母，这个继母虽然美丽，但心肠比毒蛇还毒。这个继母有两个女儿，这两个女儿虽然很漂亮，但心肠跟母亲一样坏。她们母女三人天天想法子打算害死灰姑娘。她们抢走了灰姑娘的漂亮衣服、鞋子等，一切属于灰姑娘的，她们都抢走了。她们给灰姑娘一件灰色的衣服，天天叫她干家务，因此，大家都叫她灰姑娘。

一天，父亲要出远门，问三个女儿要什么，大女儿说："我要漂亮的衣服。"二女儿说："我要许多珠宝和

窗前的爱

首饰。"到了灰姑娘时，她说："把第一次碰到你帽子的树枝给我就行了。"

第二天，父亲如愿把东西给了女儿。灰姑娘接过树枝，把树枝插在母亲坟前，便哭了起来。谁也没想到，树枝变成了一棵大树，上面有许多小鸟，小鸟对灰姑娘说："灰姑娘，你以后有什么困难我们可以帮助你。"

第三天，国王要为王子选王妃，灰姑娘一家也被邀请了，灰姑娘也想去，便去求继母带她一同去参加舞会，继母不同意，说："灰姑娘，你没有一件漂亮的礼服，怎么去？"灰姑娘一再请求，继母还是不同意，更是想尽办法故意为难灰姑娘。最后，继母带着自己的两个女儿去参加舞会了。

灰姑娘请求小鸟帮助她，小鸟送给灰姑娘一件金光闪闪的衣裳，让灰姑娘参加舞会，但是叮嘱她午夜十二点之前一定要回来。灰姑娘一到舞会中，所有人都被灰姑娘的美丽惊呆了。这时，王子走了过来，牵起灰姑娘的手，跳起了舞。

到了十二点，灰姑娘想起鸟儿说过的话，便溜走了。

到了第三天，小鸟给了灰姑娘比前两次更漂亮的衣服，灰姑娘照旧去参加舞会，王子仍然只和灰姑娘跳舞。

"咚咚咚"，十二点到了，灰姑娘又要走了。临走时，灰姑娘把一只水晶鞋掉在了楼梯上。

王子拿着灰姑娘的鞋子到处找灰姑娘，说："能穿上水晶鞋的就是我的王妃。"

到了灰姑娘家，灰姑娘的两个姐姐都穿不上，到了灰姑娘试穿，鞋子不大也不小，正合适。

王子找到灰姑娘后，两人从此就过着快乐的日子。

读到这时，我心里暗暗为灰姑娘感到高兴。灰姑娘虽然从小就没了妈妈，但她没有因此而变得沮丧，也没有因为继母对她的不公而记恨继母。灰姑娘的这种精神值得我们学习。

爱 在 阅 读

黄梦楠

　　我是一个小书迷，只要有时间看书，我就可以看个大半天，我想，我和书已经结下了不解之缘。

　　妈妈告诉我：在我刚学说话的时候，就十分爱看书，特别是对色彩鲜艳的图书更是爱不释手，每天还闹着要妈妈给我讲故事听，我常常想，妈妈的肚子真好，能装这么多的故事。终于有一天我忍不住了，问妈妈："为什么你的肚子里有讲不完的故事，而我的肚子什么都没有？"讲完，还用手拍了拍自己的小肚子。妈妈看我那幼稚的动作，笑着说："傻孩子，这些故事都是妈妈从书中看到的呀！"听了妈妈的话我心想：我也要自己看书，也要讲很多很多的故事给妈妈听。可我怎么能看得懂书呢？就这样，时间一天天过去了，我渐渐长大了，想看书的欲望更强烈了……

到了小学一年级，我学会了拼音，能认字了。妈妈开始为我挑选一些带拼音的书来阅读，随着识字能力的提高，读书的内容也越来越丰富。从《格林童话》到《成语故事》，从《寓言故事》到中国的四大名著，从《十万个为什么》到《百科全书》……在书里，我学到了很多知识，记得有一次，一家人坐在电视机前看《开心辞典》，这可是我最喜欢的节目，因为我觉得它具有挑战性。每当王小丫姐姐提出一个又一个的问题，我们全家就开动脑筋进行抢答，当然最终的获胜选手总是我呀！我心里也明白，爸爸、妈妈把机会留给我。这可让我兴奋不已，爸爸妈妈不得不竖起大拇指夸我："棒，真棒！"

从一个小婴儿到一个十岁的小男孩儿，书一直是我的良师益友，它让我懂得了许多做人的道理。随着我的阅读能力不断提高，写作水平也一次比一次有进步了。我在书的海洋里遨游，它伴随着我的成长，见证着我的进步！

《寻找黑骑士》读后感：谨慎交友

李琳钰

就像我们的生命需要营养一样，人们的成长也需要友情的滋润。然而我们不能乱交朋友，交友不慎，将抱憾终身。这个道理，杨红樱在她的笑猫日记系列《寻找黑骑士》中告诉了我们。

书的主角是笑猫——一只会像人一样笑的猫。笑猫有一个老鼠朋友，这只老鼠不算是好老鼠，也不算是坏老鼠，不知活了多少年，所以成了一个哲学家。它为了营救朋友断了尾巴，一只万年龟将它变成了一个球，所以又被叫作球球老鼠。

笑猫有三个孩子——老大叫胖头，老二叫二丫，老三叫三宝。一天，他们住的地方——翠湖公园举行了一场交友会。三只小猫分别交到了自己的朋友。可过了不久，他们又和各自的朋友绝交了：胖头的朋友一天到晚就知道带着胖头胡吃海喝，其他的什么也不干，胖头和他在一起，消耗了自己的时间和金钱，收获的只是脂肪；二丫的朋友虚荣、做作、傲慢，二丫受她的影响，把自己原本漂亮的虎皮毛色染成了黑色，把走路姿势、说话声音、名字都改了；而三宝的朋友初看很不错，做事果敢，有勇有谋，有气魄，有闯劲。可交往久了，却发现他原来是一只没有孝心的小猫。三个孩子初次交友行动都以失败而告终，他们甚至失去了继续交朋友的信心。

通过笑猫的开导，三宝决定踏上寻找黑骑士的道路。黑骑士是一只搜救犬，在汶川地震中尽职尽责，救了很多人。三宝在那时与他相识，成为好朋友，和他一起救人。后来在一次搜救中黑骑士被砸下来的水泥板压断了一条腿，从此与三宝失去了联系。还有一只名叫公爵的搜救犬，在搜救的行动中肚子被钢筋划破，英勇牺牲。三宝和他们在一起时，学到了许多优秀品质。在寻找黑骑士的路上，三宝认识了各种类型的人、猫、狗，也在一次次寻找中思考着，在人生的旅途中什么样的朋友才是自己真正的朋友。最后，三宝找到了做了导盲犬的黑骑士，体会到黑骑士身残志坚的人生信念，也找到了自己最好的朋友。

物以类聚，人以群分。三宝和黑骑士做朋友，他会受益终生，黑骑士身上的所有美德，都会成为三宝人生的指路明灯。近朱者赤近墨者黑，胖头和二丫之所以学到坏毛病，和他们所交的朋友有很大的关系。人不能不交朋友，也不能乱交朋友，这便是杨红樱想要告诉我们所有人的道理。

龙卷风的自述

陈莒心

大家好！咳，咳，我是人见人跑，车见车掉头，令人闻风丧胆的龙卷风！

我的朋友是暴风雨，只要是有我的地方，就少不了它。

要问我们怎么形成的？这个问题一时半刻说不清楚。不过我们经过的地方，常会发生拔起大树、掀翻车辆、摧毁建筑物等现象（有时是不小心的，别生气哦）。

再给你们介绍下我们龙卷风大家族的成员有：旋涡龙卷、陆龙卷、水龙卷、火龙卷、阵卷风和尘卷风。由于火龙卷比较害羞，所以很少露面。

我们的风力从小到大分为EF0级、EF1级、EF2级、EF3级、EF4级和EF5级，其中EF5级是最厉害的。

对了，我们住在野外，有时生气了才会去城市里破坏东西，平时是没有那么坏的。

我们的语言是风，风大了表示生气；风小了表示想去玩儿；风忽大忽小表示开心……

我们住在一个超级大的山涧中，那儿有小床，有一些好玩的东西。我们就吃空气，喝水，是不是很有趣呀？

我们也要学习，学什么呢？学怎么控制自己的风力大小，乱跑会对人造成怎样的伤害，什么东西可以卷起来，什么东西不可以卷起来。龙卷风走廊在哪儿（就是我们出去玩的必经之路），等等。

我们也有高科技哦，比如传送机。只要说出自己想要去的地方，一站上去，"咻"的一声就到了！

怎么样，认识我了吗？

读《建设幸福中国》有感

唐泊鑫

　　读了《建设幸福中国》，我的心里感慨万千，我也知道了许多关于老一辈的艰苦生活以及今天来之不易的幸福。

　　在今天，我们吃得好，穿得暖，睡得香。这是因为自从改革开放后，我们的生活一代比一代富裕，一代比一代幸福。今天，我读了《建设幸福中国》这本书，我感到很幸福。书中许多情节都让我惊叹万分，不要说老一辈的艰难困苦的生活，就连现在，还有许许多多的贫困地区需要我们的帮助，我们要为贫困地区找到幸福，"幸福"不仅是我们城市人民的需要，更是贫困地区的需要。"幸福"不只是某个人的幸福，更是十三亿中国人的幸福。

　　其实，我们能平平安安地生活在这个世界上，就是一种幸福！而这种幸福更是需要珍惜的。珍惜时光，生活就会充实；珍惜亲情，家庭无比温馨；珍惜友情，你会自由快乐。如果随意挥霍幸福，一旦失去，无论再如何挽留也无济于事，带来的只有更大的悲痛！所以，当幸福来临时，我们更需要珍惜幸福！

在序中，余心言奶奶有五个愿望：一是希望把日本强盗从中国赶出去。二是希望能吃饱饭。三是希望老师能有第二件旗袍可以换洗。四是希望能交得上学费继续上学。五是希望成绩比自己好的同学能继续升学不要去当学徒。余心言奶奶第四个愿望终于实现了，今年中国实行了"三免一补"的好政策，小学阶段国家免除课本费、杂费和文具费……余心言奶奶的第二个愿望——希望能吃饱饭，也实现了！现在我们的祖国变得强大了！变得富裕起来了！家家户户盖上了砖瓦房，饭也吃得饱。有时候，还享受着大鱼大肉，真是幸福！

在《幸福的小鱼》中，曾维家并不富裕，但是他的爸爸为了让曾维读书把鸡和鸡蛋都卖了，可是学费仍凑不足，曾维非常苦恼，心里忐忑不安。后来曾维的老师告诉他，现在小学阶段国家免除课本费、杂费和文具费……这时的曾维兴奋得蹦了起来，原来曾维过去一直把自己看成大海里一条痛苦的小鱼，这时，他觉得自己是一条幸福的小鱼。

幸福是什么？对父母来说，幸福是有个健康孝顺的孩子；对老师来说，幸福是自己的学生拿到好成绩；对社会

真诚是超越隔阂的渡桥

来说，幸福是让每位成员生活得有保障。人们理解不同，对幸福的定义也不同，一千个人有一千种答案，其实幸福很简单，幸福是掌握在自己手里，靠自己去创造的。作为一名少先队员应该树立远大理想，刻苦学习文化知识，善于思考，打好知识的根基，从自己身边做起，从小事做起，为建设"幸福中国"做出自己应有的贡献！

想与你交朋友的乖乖鼠

郭诗婷

我是一只可爱的小老鼠。我穿着灰色的衣服，一双小巧玲珑的耳朵，大大的眼睛，又细又长的尾巴。我们在鼠界的跑步速度，我说第二没人敢说第一。我们的敏捷程度，比你们人类还高。我们老鼠全身上下都是宝，可为什么对我们人人喊打呢？我们被你们打得遍体鳞伤，你们有没有考虑过我们的感受？

我们老鼠为你们人类做过许多贡献。比如，我的老婆小白鼠给你们人类抓去做实验。在电视节目里我们也是主角，我们演的电视有很多很多：《猫和老鼠》中的老鼠用自己的智慧打败了猫；《米老鼠》中的米老鼠还是许多用品的代言人，《舒克贝塔》中的舒克会开飞机，贝塔会开坦克，开得比人类还厉害。

我觉得我们生活的世界是不公平的、凶残的。为什么呢?

　　记得有一次,我的好朋友小淘肚子很饿,去你们的家里偷吃食物。刚刚一跑进去就发现了一只仓鼠,这只仓鼠在笼子里呼呼大睡,这让小淘羡慕嫉妒恨哪!同是鼠类待遇截然不同,给吃的,给住的,给它们健身器材,不公平,不公平呀!小淘在默默地哭泣。不料,他被这栋房子的主人发现了。他把小淘从阳台上扔下来。我们上有老,下有小!你们人类这样无情无义,外星人知道吗?

　　为什么人类对我们这样不公平?我们老鼠也是金,也是宝。你们不要把我们当成卑微小鼠对待。如果你们给了我们仓鼠一般的待遇,我们还会偷吃食物吗?

我是一只黑熊

张胤煊

我是一只黑熊，生活在美丽的大森林里。每天与同伴一起去捕食，生活可以说是无忧无虑，自由自在。

可是，这一天，一群猎人来到森林里，他们个个拿着猎枪。突然，其中一个猎人大叫："黑熊！快打！"只见他拿起枪。随着"砰"的一声巨响，我失去了知觉。这一枪，使我成了"囚犯"。

我醒来时，已经被关在一个大铁笼子里。我感觉自己身体非常虚弱，我定睛一看，眼前的一切已不再是那片美丽的大森林。我看到一番惨不忍睹的场景，旁边有许多铁笼子，里边也关着我的同类，有的在痛苦地挣扎；有的在疯狂抓咬；有的已经昏倒了；有的狠狠地用牙齿咬着笼子；还有的无力地趴在笼子里，默默流泪。我很恐惧，不知道人们会对我做些什么，我只知道我失去了自由，我有

窗前的爱

种预感，自己的身边处处暗藏着危机，感觉很无助。

猎人见我已经醒来，叫旁边的人拿来一个大盆子，一根管子，还有一把锋利的刀。只见他脸上露出一副阴险的笑容，慢慢靠近我。他将刀插进我的腹部，切出一个口子，殷红的鲜血流了出来，我感到很痛苦。我大声咆哮着，希望这能唬到猎人，但这都无济于事，猎人仍将管子插进我的身体。我的胆汁顺着管子，慢慢流向盆子。我痛苦地叫着，露出锋利的牙齿，用愤怒的眼神看着猎人，向他示威。猎人笑得更加猖狂："再叫下试试？老子把你杀了！"说罢，又将管子狠狠地伸进我的伤口，我瘫倒在笼子里。只见猎人用刀指着我的脑袋："再敢反抗，我就把你的脑袋打成马蜂窝。"

第二天早上，我睁开眼，感觉全身恢复了一些力气，站了起来。只见一群人来到我身边，流着泪，轻轻用药水擦拭我的伤口，并将我放出笼子。我不知道他们是谁，只知道他们救了我，我安全了！我自由了！我用感激的眼神与他们对视良久。我想：我们动物和人类都是大自然的一员，我多么希望人类不要再伤害我们；我多么希望人类与我们能和平相处。要是这样，那该多好。

我奔跑着，重新回到大自然的怀抱……

假如我是一片树叶

陈睿韬

我是一片树叶，是这大自然中的一员。我的母亲是大树，她为大自然奉献出了自己的一切，我真为我的妈妈感到自豪。

春姑娘带着春风妹妹来了。你看，她一来，小草和嫩叶都好奇地探出了小脑袋。我也来到了这世上，来到了大树妈妈的怀抱中。呀，我的兄弟姐妹们也相继探出了脑袋。春雨婆婆神不知鬼不觉地来了，带着满天黑压压的乌云。"哗啦啦——哗啦啦——"这个春天的第一场春雨下了下来。像无数轻捷柔软的手指，在弹奏着钢琴曲。渐渐地，轻轻地，雨，又悄悄地停了。我们头上还留着晶莹的水珠，啊呜一口，吃进嘴里。

"你们小声点儿，夏姐姐马上就要到了，我们快去迎接她。"我的树叶姐姐说。是啊，夏姐姐要到了哦！

"哎，你看你看，这不是夏姑娘吗！"叶子们议论纷纷，因为我们特别喜爱夏天。夏天是一个美丽的季节，树妈妈身旁的池塘上每到这个季节就开出粉红色的荷花。碧绿的荷叶点缀着荷花，应该就是所谓的"万绿丛中一点红"吧。早晨，夏日的清风夹杂着些许闷热，而一到晚上，就非常凉爽了。抬头仰望星星的时候，我觉得星星正在朝我眨眼呢。

秋天是收获的季节。我们树叶家族全都一改原来的翠绿装，披上了"黄金圣衣"。不知什么时候，我身边就多了一个圆滚滚的东西——苹果。她胖乎乎的，红彤彤的，笑起来很可爱。有一天，人类来到了我们的家园，他们把我身边的苹果妹妹以及其他水果都带走了，还有一些树木也被可怕的电锯夺去了生命。森林里静谧得有些不可思议，一改往常热闹的景象，谁都不敢出声，怕被人类发现。还好这次人类没有选中我们！我默默地想，要是有一天我们都被人类带走了，该怎么办？我好害怕啊，为什么会这样？等他们离开这里以后，我问大树妈妈："妈妈，人类会把我们带走吗？"只见妈妈叹了口气，无奈地摇了摇头。

冬天到了，许多树叶相继落下。我的兄弟姐妹们也大部分都离我而去，我好伤心。一阵寒风刮来，我也随风飘落。在落地的那一瞬间，我又听到了人类的脚步声。

我与画的故事

郭世贤

我最喜欢的课余生活就是绘画，每天晚上只要一有时间，我就会不知疲倦地拿起心爱的画笔画一幅画，绘画让我的课余生活丰富多彩。

记得在我五岁的时候，我在街上看见许多来来往往的公共汽车，这一幕让我对公共汽车产生了兴趣。当时我就已经懂得"画画"这个词了，明白画画就是把看到的或内心的画面用笔画在纸上。所以回到家，我便迫不及待打开图画本，随手拿起一支笔就开始画了。有的时候图画本被画满了公共汽车，我就在其他书上画，画不下后，又在桌子上画，甚至在自己的手臂上画。凡是能画公共汽车的纸，都被调皮的我"欺负"得面目全非了。不过，我的"努力"还是有成果的，一开始画的都是"四不像"，后来，我的"功力"越来越高强，以至于画出了几辆大致相同的公共汽车（当时画画并不上色，也没画得那么细致，只是外形比较相像）。

在我五岁的那一年，我把空闲的时间几乎全都用来画公共汽车。

六岁半时，发生了一件事，使我有了新的目标……

有一天，我家来了客人，客人中有一个比我高一个头的男孩儿发现了我的"作品"，他看了看，便对跟在他屁股后面的我说："你们家还有纸吗？"我听了后点了点头，然后就从某个抽屉里拿了一张崭新的A4纸，他接过后，拿起一支笔，悠然自得地画了起来。不一会儿，他拿给我看，我看了之后，差点儿跳起来。他画的是一辆轿车，这辆轿车看起来是那么的漂亮！他不但把每个部分都画得很细致，而且还上了颜色，所以就显得更加漂亮了。客人走了，但那位哥哥把作品留了下来。我双手捧着画，心里就起了一个念头：我不能再只画公共汽车了！于是，我的图画本上不再是只有公共汽车了，我尝试着画桌子、椅子、牙刷、水壶……只要是我想画的东西，我都会去模仿它。上街时，我觉得我有把握画好的东西，我都会记在心里，回家画出来。画不像的再画；画不出来的，下回观看得仔细些。画了近一年，我画过的东西，都能画得惟妙惟肖。爸爸妈妈的同事们无不夸赞我画技高超，我像吃了糖似的，一股甜丝丝的感觉涌上心头。

上一年级时，妈妈帮我报了绘画兴趣班。从此以后，我一直都在那里学习绘画。老师夸赞过我，说我画什么像什么。不过，学任何东西都不会简单的，在学画水墨画时，已经不能几分钟画完一张了，之后画大张的山水画，难度也越来越高，我想过放弃，但我认为这是我自己选择的路，一定要走到尽头！我相信只要坚持下去，终有一天，我会"修成正果"的！

画画使我懂得了很多，画画使我感受到世界景物的美，画画使我坚持不懈，我相信，以后绘画这种艺术，会使我的人生变得多姿多彩。

我 爱 绘 画

黄　惠

　　也不知道为什么，从小开始，我就对画画情有独钟。别的小孩子总是缠着爸爸妈妈买玩具，而我买的大部分是绘画的工具。小时候我无聊时，一支笔、一张纸便能让我沉下心来。每当妈妈下班回家后，都会看见家里各个角落都布满着我的"作品"。而我总是坐在那一堆"作品"里认真地画着。妈妈看着一脸认真神情的我和散落一地的"作品"，不知道应该开心还是生气。

　　看我对画画很有兴趣，妈妈便问我要不要去学画画。一听见"画画"两个字，我就"两眼放光"，急忙答应了。就这样，我开始了我的绘画学习。根本想不到的是，一转眼，我的学画生涯竟然从幼儿园中班坚持到了现在小学六年级了。

　　虽然那时我是书画院最小的学员，但在我的认真学习下，我的画画水平飞速提高，画的东西也栩栩如生，不再是儿时画出的奇形怪状的图案了。爸爸妈妈都表扬我，就连幼儿园老师都让我参加许许多多的绘画比赛。这些对我的认可使我在不知不觉中渐渐有些骄傲起来了……

"虚心使人进步，骄傲使人落后。"骄傲肯定没有好结果。果然，在又一次比赛中，我不如以往，没有了名次。我非常难过，并且下定决心开始发奋图强地练习。别的同学在上课时画两张，而我回家还要再加练两张。因为我相信，只有比别人付出双倍的努力与汗水，才有获得成功的可能。果不其然，我终于得到了好成绩。在触碰到那张烫金的奖状的时候，我非常激动。我紧紧地攥着这张证明我进步的奖状，心里开心地低喊道："看，我的努力得到了回报！"

时光转瞬即逝，八年时光匆匆而过，我也逐渐改正了骄傲自满的坏习惯。在八年光阴里，每年画展都有着一幅属于我的画作。这画作，证明了我儿时岁月里的汗水与努力。在学画的过程中，也曾几度有过想放弃的时候。但我还是坚持了下来，并且学会了素描、装饰画、水粉、水彩……

我想，我的童年是多姿多彩的，因为有画画与我相伴。

参观科技馆

黄佳承

　　2014年11月4日，我们六年段的全体同学在老师们的带领下，来到了市科技馆。我们一走进科技馆，就看到墙上挂满了历代著名科学家的画像，有牛顿、阿基米德、达尔文等等。迈进三楼正馆，一个由八个投影仪投影出来的巨大地球映入眼帘。这个地球在不停地转动，向我们展示了地球的真实面目，看得我们不禁赞叹起来。

　　从入口进去，一个荧屏又进入视线，上面投影出了我们的队伍，我四处寻找那些摄像头，终于在荧屏下看到了一块黑玻璃，里面有一个摄像头，拍下了我们的队伍，并发送到上方的投影仪，再通过投影仪投放到荧屏上。瞧，屏幕上还有小鸟呢!

　　一位工作人员走了过来，来当我们的解说员。他带着我们从出口进入，先带着我们看了机器人，让我们跟机器人扳手腕，测测我们手臂的力量，还让我们跟机器人猜拳。然后，带我们看了胎儿从胚芽到出生的过程，还配上了视频解说，自然不难懂啦。

往前走，我们看到了登月舱和一个古怪的东西，据工作人员说，这个由三四个圈和一个座椅组成的东西叫"失重体验器"，坐在上面就和在太空中差不多感觉，有位女同学去试了一下，还真的跟失重一样呢。

然后，一个仿真飞机驾驶舱出现在了我们面前，一些男同学"呼啦"一下就冲上去，几个动作快的同学坐到了"驾驶舱"里面"开飞机"，慢一点儿的，只能站在机舱外干瞪眼。

"哒哒哒"！咦？哪里的枪声？等等，我看见了，在那！天啊，这可是男生的最爱——枪战游戏！除了我、阿铭和聂千卜还有少数男生站在原地，其他男生都一哄而上，冲到前面观战，连我们的李老师都走上前拿起"枪"在玩，同学说："李老师童心未泯！"哈哈！

然后，解说员让我们自由活动，我们三个——我、阿铭和聂千卜——小跑到关于电的展厅，看见6班的魏老师在玩静电仪，她让我们试一下，结果毫无防备的我把手放了上去，魏老师转动了转盘，"Ouch！（英语：好痛）"随着我的惨叫，我终于明白了这个"害人"的东西——静电仪的效果了。

不知不觉，随着解说员叔叔的"集合"声，我们依依不舍地离开科技馆，坐上大巴，返回学校。

科学真奇妙！

我家的冬瓜藤

陈妍淇

　　我家门口有一片小院，院子里有许多花花草草，而我最喜欢的还是架子上的冬瓜。

　　我家的冬瓜非常有趣。春天，冬瓜藤冒出了小小的嫩芽，像一个个小朋友在迎接春天的到来，雨姑娘和太阳公公也非常照顾它们。雨姑娘每天都会带来充足的雨水，太阳公公总是在它冷的时候，给它们带来温暖的阳光。看啊，它们在雨姑娘和太阳公公的照顾下，一天天长大，在风中摇摆呢！

　　夏天，冬瓜藤上的小嫩芽全都长大成一个个小姑娘、小伙子了。它们在风姐姐的带领下，翩翩起舞，卷起片片涟漪，像一片绿色的海浪在不停地涌起。它像海，但是他更像一片巨大的遮阳伞，在炎炎的夏日帮我们遮挡阳光，给我们带来一片阴凉！它们好似一个个小精灵，在架子上翻翩起舞，像个舞蹈家似的，飞来的蝴蝶也围绕着它们，像是在给它们伴舞。

秋天，冬瓜藤开始结冬瓜了。妈妈告诉我，冬瓜花也分雄性和雌性，只有雌性才可以结出冬瓜。冬瓜刚结的时候非常小，像一个个小娃娃；长大以后就变成了粗壮的小伙子；老了以后，就长出了白白的绒毛，像胡子一样。

冬天，冬瓜的叶子全都落下来了，变成精灵去迎接春天了。

我真喜欢我家的冬瓜藤！

茉 莉 花

罗咏琪

春天百花盛开，为世界增添了许多美丽。在这百花争艳的时候，有一种花始终以其独特简朴的姿态，生存在这世界上。它有着洁白外表，更有着特别的清香，它就是我最喜爱的花——茉莉花。

在我爷爷奶奶家的阳台上，一直种着许多茉莉花，它们四季常青，但只有到了夏季才开花。

假期的每天早晨，我醒来的第一件事就是去观察它们，而它们每天都会给我一份惊喜：在小小的枝丫上开出几朵洁白而芬芳的花朵。有时，我喝水的时候，就会小心翼翼地把花儿从它那嫩绿的枝叶上摘下，然后放到茶杯里，顿时它小小的花蕾就盛开在碧绿的开水里，屋子里也随风飘满了醉人的花香，让人闻起来就想喝上一口。

看到书上有一首诗这样赞美它："虽无艳态惊群目，

幸有清香压九秋。"可见茉莉花之所以能赢得人们的喜爱，正是那貌不惊人、洁白乖巧的小花，还有它那清婉的芳香。而且我在书上读到过它还具有药用价值，不仅能清热解毒，还可以治疗感冒发热、腹痛及疮毒等。

马上夏天又要来临，我也期待着奶奶家的茉莉花能再次开放。我爱茉莉花。

我喜爱的宠物兔子

廖凡妮

　　它——"小绒球"，是一只小巧玲珑，也非常惹人喜爱的宠物兔子。就因为它像极了一团球，圆滚滚的，再加上它全身毛茸茸，所以，就给它取了个这样普通，却又充满亲切感的名字。如果我没有猜错的话，你们一看到这样的"小绒球"，一定扬起了嘴角，想象着这只可爱的小兔子了吧……

　　"绒球"，是专门为它定制的名字，那么"萌"。它长着两只非常小巧的耳朵，虽然说与其他兔子一样长长的，像两把细长的扇子，那么神气，但很特别；它还有一张异常惹人喜爱的三瓣小嘴，开心的时候，它就会灵巧地跳到你的肩膀上，用它仅有的几根小胡子和它那三瓣小嘴来轻轻蹭你的脸颊；更有特点的是它那双精致的眼睛，在我看来，是别具一格的，小琉璃球似的那么大，就像两颗罕见的红宝石，镶嵌在它那同样精致的、毛茸茸的小脸上；而它的整个身子，就像穿了一件雪白的小棉袄似的，它的绒毛，摸起来异常舒适，又异常温暖。

我呢，给这只"小绒球"准备了一个温馨、温暖而又舒适的家，虽然是关在笼子里，但这个笼子也是可爱的淡粉色。而在它的小窝里，我给它铺了一个柔软的迷你型被子，用晒干了的软草作为它的小床垫，又截了一块小毛巾作为它的枕头。在这样舒服的"家"里生活，"小绒球"自然也非常非常地胆小，稍有一点点动静，它就会缩在它的被窝里，手和脚全看不到了，都缩在它茸茸的身子里，在被窝里鼓起一个小圆球。这时，我就会打开笼子的门，轻轻地拍拍裹在被窝里的绒球，几秒后它从被窝里探出小脑袋，露出一双圆溜溜的、漂亮的眼睛，然后突然从被窝里蹿出来……唉！你们也猜到了吧。"绒球啊，小绒球！哎呀别乱跑啊，快回来呀！哎呀真是的！"我不停地重复着这几句话，一边在房间、厨房、卫生间以及书房里到处翻找小绒球那上蹿下跳、灵活得惊人的身影。看来，这就是它胆小过后的活跃了。

最后，我找了半天，终于从钢琴房的床底下把小绒球给拖出来了。我一边嗔怪着它怎么那么淘气，一边用晒干了的草喂它吃。看着它嚼得津津有味、狼吞虎咽的小模样，我抚摸着它那对小巧玲珑的粉色的耳朵，一边想着：小绒球，你是我童年中最让我感到快乐的小宠物，你给我的生活增添了不少乐趣。看着你那充满活力的身影，我才知道，宠物是我们最温暖的小太阳！

我与我的小仓鼠

吴方怡

　　我家养了两只小仓鼠，两只都是黄色的布丁品种。我给它们取名"皮皮"和"乖乖"。也许大多数家长都不会同意养仓鼠，因为仓鼠在他们眼中，和那些只会偷吃食物的老鼠一样。可我不这样想，我觉得，仓鼠和老鼠其实是大不相同的，仓鼠除了长得像老鼠，其他几乎没有跟老鼠相同的地方。它们和老鼠不是同一科的动物，也不像老鼠那样偷偷摸摸。它们胖乎乎的，机灵可爱，总是把食物装在嘴里，活像一个肉鼓鼓的包子。

　　当然，它们的聪明体现在许多方面。

　　我准备喂食的时候，先是拿好食物，为了防止丢出笼子，我小心翼翼地将食物倒进食盆里。然后拿一根筷子，轻轻地敲一敲鼠笼。皮皮和乖乖就快速地跑出来，乖乖从滑梯上一骨碌滑下来，稳稳地落到跑轮里。而皮皮呢，不知道是就想这么做还是没站稳，一只脚抓住房子的阳台，整个翻身滚了下来，落在笼子底盘上，掀起一片片木屑翻飞。当皮皮从木屑里钻出来并抖了抖身子以后，奋不顾身地朝食盆冲去，乖乖也不甘落后，这时，你就会看到两团黄色的毛球在食盆里挤来挤去，还时不时会伸出几只拼命乱蹬的小到几乎看不见的脚。吃饱以后，它们有时在跑轮里奔跑，有时在浴室里翻滚。我拿来装水的罐子，打开笼子，它们都会急急忙忙地跑过来，抱住喝水的罐子，咕嘟咕嘟地喝个不停。我就抓着水罐，等它们喝饱了，再拿走。

我还常常往它们的房子里放棉花，放木屑。而它们呢，就会把木屑和棉花垒成一个漂亮又温暖的小窝。我在清理它们的房子时，把屋顶打开，就会看到它们那创意无限的小窝。和它们一样可爱极了。我还时常把它们放在掌心里，让它们顺着我的手掌爬来爬去，最后，再恋恋不舍地把它们放回笼子里。

皮皮和乖乖，既乖巧，又调皮，它们两个小家伙也是能给我带来许多开心的好朋友。

窗 前 的 爱

钟睿玲

不知从何时起，每次上学，走到巷口回头，总能看见自家窗口探出妈妈的脸庞。她总是静静地目送我，直到我消失在巷子的尽头。眨眼间，我已经上五年级了。

这天，我写完作业，听着窗外的蝉鸣，突然一时兴起，想去公园捉知了玩。我迅速收拾好书包，兴冲冲地对妈妈说："妈妈，我作业写完了，让我出去玩会儿呗！"我原本以为妈妈会拍拍我的脑袋，慈祥地说："去吧，玩会儿吧！"可没想到她竟然勃然大怒："作业写完就万事大吉了吗？你钢琴弹熟了吗？英语单词都会默写了吗？你这贪玩的孩子！"妈妈像个机关枪似的朝我猛烈开火，越说越生气，顺手拿起桌子上的尺子，朝我劈头盖脸地打下来……我感觉自己就像公堂上受审的犯人，有冤无处申，只有挨打的份儿！终于，我哭着跌跌撞撞地冲出门外，激动地吼道："暴君，我恨你！"一口气跑到巷口，出于习惯，我回头向自家窗口望去，但这次，没有那个熟悉的面庞，只有窗玻璃折射出冷冷的青光！我拼命地狂奔，发泄着心中的愤懑。穿过小巷，沿着车水马龙的街道一路往前，来到绣溪公园。我斜靠在公园的长椅上，心里像打翻了五味瓶。闭上眼，刚才的一幕又浮现在眼前，妈妈那怒火中烧的眼睛仿佛在对我说："你这个不听话的丫头，我再也不爱你了！"我"哇"的一声大哭起来——怎么办？怎么办？妈妈再也不爱我了！

不知哭了多久，树上知了突然停住声嘶力竭的叫喊，四周渐渐静下来。我睁开眼，只见荷花池里一朵朵含苞待放的花骨朵儿，正挺直腰杆，坦然接受烈日的炙烤。一阵热风拂过，它们微微颔首，仿佛在说："孩子啊，你看我，只有经历烈日和高温的煎熬，才能完成华丽的转身，绽放出美丽的花朵！"热风吹干我脸上的泪水，也吹醒了我的大脑。回想妈妈日日站在窗前目送我的情景，不由得为自己的不懂事而愧疚起来，我开始胡思乱想起来：花落还有再开的时候，燕子去了还有再来的时候，妈妈啊，你的爱还会再回来吗？起身，忐忑不安地慢慢往回走。走到巷口，我急切地抬眼望向窗口——妈妈正落寞地站在那里。突然，她也看到了我，焦虑的神情瞬间转变成惊喜。她打开窗户，挥动着双臂，大声呼喊我的乳名！原来，妈妈的爱一直都在！

木 炭 赞

赵涵钥

　　有这样一种东西，它的外表乌黑、粗糙，但是当它燃烧起来之后，可以带给人们光明与温暖。对了！那就是木炭。

　　木炭是木头在一定的温度下长时间燃烧形成的，它是木头的化身，它经过长时间的大火的磨砺，才变成了我们现在看到的样子。木炭如果磨砺的时间太短，那么就会变成一块废料；如果磨砺的时间太长，那么就将化成一堆灰烬。

　　有的人嫌木炭会弄脏自己的衣服，所以对它很厌烦，我却不一样。虽然它们的外表很平凡，甚至丑陋，但内心却很美丽，很特殊。它们不像花儿那样，把自己美丽的、漂亮的一面表现出来。相反我相信它一定想为人们做点什么，其实它做得已经很多了……

一块木炭开始燃烧，它的使命便开始了……当人们把它点燃，它竭力给予人们温暖与能量。木炭由乌黑变得全身通红，它努力地释放自己的能量，它的温度达到了最高，亮度达到了最亮，它把自己的能力发挥到了极致，以至于伴随着"噼啪"之声粉身碎骨，把自己变成了"白胡子""白头发"的"老人"，这之后，它才开始冷却。它完成了自己的使命，被人们遗忘在墙角，甚至垃圾桶里，化成土地的一部分，就是这最后的残渣也可以滋润大地，成为那鲜花茁壮成长的肥料。木炭感到"心满意足"，因为它已经把自己的能量发挥到了极致，木炭从不要求什么，只是一心为人们贡献自己……它来源于木头，燃烧的时间却远远长于木头，真是青出于蓝而胜于蓝呀！

这不禁令我想到了我的老班主任。他曾和我一样风华正茂，书生意气，也曾经年少轻狂。可是为了我们，他放弃了更好的出路，选择在镇上的中学做一个不起眼的语文老师。为了成为一名合格的人民教师，他和木炭一样经历了彻底的蜕变：晚上，他不再和朋友们出去聚会，而是在家里备课、改作业；周末，他也不能够好好陪伴自己的妻子和儿女，而是到图书馆或者书店去查阅各种资料，以便拓宽学生的视野。慢慢地，他成长为一个教学功底深厚的人民教师。与此同时，他也从一个风华正茂的青年变成了一个白头发的老人。

正如木炭用自己的生命默默地为人们提供温暖，我的

窗前的爱

老师也用他的汗水浇灌了知识的幼苗，用他斑白的两鬓换来了我们的进步，用他的青春岁月换来了我们的成长。他自己却如木炭一样慢慢地消耗了自己的力量，生命之花慢慢地枯萎。

看着盆中慢慢烧尽的木炭，我不禁默默私语：我要做一个具有木炭品格的人，也就是做个给予人温暖的人；做一个默默无闻，无私奉献的人；做一个不追求外在美，而注重内在美的人。